知识跨界　能力融合　创造性构建校本课程开发新

跨界与融合

——校本课程开发的深化研究

王利敏 / 著

目录

第一章

绪　论

“校本课程开发”这一概念由国外学者在20世纪70年代初提出，当时我国虽没有正式使用校本课程开发的概念，但已经有了校本课程开发的雏形。1999年，《中共中央 国务院关于深化教育改革全面推进素质教育的决定》中明确提出，调整和改革课程体系、结构、内容，建立新的基础教育课程体系，试行国家课程、地方课程和学校课程。2001年，我国正式推行三级课程管理体制。随后，校本课程开发得到研究者和实践者越来越多的关注。随着我国基础教育课程改革的推进，尤其是“中国学生发展核心素养”的提出，对于校本课程开发的研究出现了欣欣向荣的局面。本章回顾了我国校本课程开发研究的历程，希望在总结经验的基础上发现新的生长点，助力基础教育课程改革的持续深化。

第一节　课程思考

从 20 世纪 70 年代初“校本课程开发”这一概念提出，至今已有几十年的时间。在我国，2001 年《基础教育课程改革纲要（试行）》的颁布对校本课程开发具有重要影响。在这次课程改革中，我国开始试行国家课程、地方课程和学校课程，明确了三级课程管理体制。随着课程改革的深入推进，校本课程的发展也经历了从无到有、从有到优的过程。

后来，在素质教育的推动下，校本课程开发又迎来了核心素养实践表达的命题。研究者和实践者围绕“如何基于核心素养开发课程”“如何把核心素养转化为课程实践”等问题，展开了以立德树人为根本任务、以核心素养为追求的校本课程建设活动，推动了校本课程开发方面的研究与实践。2022 年，教育部颁布《义务教育课程方案》和各学科课程标准，提出要“合理开发校本课程”，校本课程开发进入新时期。

“十四五”时期，我国教育进入高质量发展阶段。《中共中央关于制定国民经济和社会发展第十四个五年规划和二〇三五年远景目标的建议》中明确提出“建设高质量教育体系”的重大任务。2021 年的全国教育工作会议诠释了高质量发展的要求：一是深入实施“百年行动”，提升教育系统党的建设质量；二是落实立德树人根本任务，培养德、智、体、美、劳全面发展的社会主义建设者和接班人；三是打好服务能力跃升攻坚战，推动教育深度融入新发展格局；四是深化教育改革创新，推动改革和发展深度融合高效联动；五是加强教师队伍建设，夯实高质量发展人才支撑；六是提升保障能力，为高质量发展奠定坚实基础。① 可见，高质量教育体系的建设成为当前和未来一段时期的重要任务。高质量的基础教育体系是整个教育体系的基石，应该围绕立德树人根本任务，以创新的举措，推动基础教育的高质量发展。

基础教育的高质量发展，势必绕不开学校课程的问题。如何结合当前的教育形势，找到校本课程开发的深化机制和生长点，使其满足基础教育高质量发展的需要，成为基

---

① 陈宝生.乘势而上 狠抓落实 加快建设高质量教育体系[J].时事报告（党委中心组学习），2021(1).

础教育课程改革亟待解决的关键问题。

带着对这一问题的思考，笔者开展了深入的文献研究，总结了我国校本课程开发的历程，以期把握新时期校本课程开发的基本特点和发展趋势。以问卷的形式进行了抽样调查研究，认真分析不同地区校本课程开发的现状。通过深度访谈，我们进一步剖析了校本课程开发中存在的问题及问题产生的原因。在文献研究和现状调查的基础上，全面呈现了我国校本课程开发的基本情况。

针对新时期教育的基本特点和发展趋势，结合调查研究与质性分析，我们从德、智、体、美、劳五方面考察了校本课程开发的实践，在此基础上提炼总结了我国校本课程开发的深化机制和生长点。总体而言，课程的跨界与融合成为明显的趋势。为了顺应这种趋势，需要变革相应的开发机制，也需要孵化几个关键的生长点。具体而言，在开发机制方面，我们重点讨论了校长和教师的课程领导、学校的课程规划、校本课程开发的影响因素和开发模式。在生长点方面，我们重点讨论了课程治理、课程文化、课程心态、课程样态、课程技术、课程评价等。在尽量全面呈现、分析的基础上，我们尝试回答"如何深化我国基础教育领域的校本课程开发"这一问题，以期为研究者和实践者提供一定意义上的参考和建议。

第二节　内涵理解

1973 年，菲吕马克(Furumark)和麦克米伦(McMullen)在国际课程研讨会上提出"校本课程开发(School-based Curriculum Development)"一词①，并试图界定校本课程开发的概念和意义。1985 年，各国学者在小型课程开发国际研讨会上对校本课程开发的概念进行了广泛的讨论，最终没有形成统一的意见。随着研究的逐渐深入，不同学者就校本课程开发的概念提出了自己的意见，见表 1-1。

① 高云庆.校本课程开发：理念与框架[J].兰州大学学报(社会科学版)，2002(3).

表 1-1　不同学者对校本课程开发概念的理解

学者类别	学者姓名	观点	角度
国外学者	菲吕马克、麦克米伦（Furumark、McMullen，1973 年）	校本课程开发是指参与学校工作的相关成员（包括教师、行政人员、家长和学生等）为改善学校教育质量和品质，所计划和主导的各种学校活动。校本课程开发是基于学校课程发展的工作，且主要依赖于学校教职员工以及学校的现有资源	开发主体 开发场所
	沃尔顿（Walton，1978 年）	校本课程开发的结果可以是对教材的重新选择，也可以是对已有教材的改编	课程类型
	经济合作与发展组织（Organization for Economic Co-operation and Development，1979 年）	校本课程开发就是要求在教育制度内进行权力和资源的分配，强调学校和教师在课程开发中的地位①	权力和资源
	科恩（Cohen，1985 年）	校本课程开发的内涵有广义和狭义之分。广义的校本课程开发是指包括校长、教师、学生、家长等在内的所有相关人员，参与课程开发的全部工作，包括课程规划、设计、实施、评价等。狭义的校本课程开发则是指少数学校成员（如校长或部分教师）开发课程文件等②	内涵范围
	科林·马什（Colin Marsh，1990 年）	校本课程开发是指学校教师和学生共同参与，共同决策，共同学习，自下而上的一种“草根式”的课程改革③	课程功能

① Organization for Economic Co-operation and Development. School-based Curriculum Development［M］. Paris：Springer，1979.

② 黄宇，黄瑶.跨学科环境教育校本课程的开发模式［J］.环境教育，2018(10).

③ Colin Marsh. Reconceptualizing School-based Curriculum Development［M］. London：The Falmer Press，1990.

（续表）

学者类别	学者姓名	观点	角度
国内学者	黄政杰 （1985 年）	校本课程开发是指以学校为中心，以社会为背景，细分中央、地方、学校三者的权力和责任，从而促使学校教育人员主动进行学校课程的计划、实施、评价的过程	权力和责任
	张嘉育 （1990 年）	校本课程开发是指为了达到教育目的或解决教育问题，以学校为主体，由学校全部成员进行的课程开发的过程与结果	开发目的
	崔允漷 （2000 年）	校本课程开发是指学校在保证国家课程和地方课程基本质量的前提下，通过对本校学生的需求进行科学评估，充分利用社区和学校课程资源而进行的开发①	课程从属类型
	徐玉珍 （2001 年）	校本课程开发在学校内发生、展开，基本指导思想是国家及地方制定的课程纲要，主要依据是学校自身的性质、特点、条件以及可利用的学校资源，主要参与方式是学校内部成员与校内外人员合作，宗旨是满足本校所有学生的学习需求。它是一个持续和动态的课程改进过程	开发过程
	李定仁，徐继存 （2004 年）	校本课程开发是以学校为本位进行课程开发的民主决策过程，是校长、教师、课程专家、学生、家长、社区人员共同参与学校课程设计、实施和评价的活动②	课程本质
	艾尔肯·莫力大汗，孔凡哲，王辉 （2007 年）	校本课程开发应包含三方面的内容③：(1)国家课程、地方课程的校本化处理（也就是通常所说的"二次开发"）；(2)具有学校特色的校本课程的开发；(3)作为校本课程的补充内容，如研究性学习、综合实践活动	课程内容

综上所述，我们可以发现，国内外学者对校本课程开发的概念尚未形成统一的观点。国内学者黄宇和黄瑶梳理了不同研究者对校本课程开发的理解，总结出校本课程开发具备的共同要素：(1)开发者包括校长、教师、课程开发人员、学生、行政人员等；(2)课程开

① 崔允漷.从"选修课和活动课"走向"校本课程"："江苏省锡山高级中学校本课程"个案研究[J].教育发展研究，2000(2).

② 李定仁，徐继存.课程论研究二十年(1979—1999)[M].北京：人民教育出版社，2004.

③ 艾尔肯·莫力大汗，孔凡哲，王辉.影响校本课程实施的主要因素[J].中小学教师培训，2007(10).

发的目的是为学生提供多样化的课程，提升学校的教育质量。[①] 不同于国家课程开发和地方课程开发，校本课程开发具有较大的主观能动性。在开发校本课程的过程中，学校可以充分挖掘和利用学校内外的教学资源，满足学生个性化的发展需求。

校本课程开发具有三个特点：(1)关注学生的个体差异，校本课程开发以学生为本，立足学生的个体差异，针对其特点设计课程，旨在为学生创造较为宽松的发展空间；(2)以学校为本，校本课程开发把课程开发权力交给学校，重视学校在课程开发中的主体地位，并在开发过程中充分考虑学校特色；(3)开发过程是持续、动态的，校本课程开发是一个有组织、有目的、有计划的动态过程。学校在课程开发过程中会通过教学实践以及教学评价不断发现问题，并通过教学反思和多种形式的课程评价对课程进行改进。综上所述，校本课程开发的过程是一个持续、动态、螺旋上升的过程。

我们认为，"校本"的大意是以学校为本，以学校为基础。校本课程是指学校在执行国家课程和地方课程时，结合当地社会、经济发展的具体情况，综合考虑本校的传统和优势、学生的兴趣和需要，开发或选用的适合本校的课程。校本课程开发是指在学校现场发生并展开，以国家或地方制定的课程纲要和课程标准为指导，依据学校自身的性质、特点及可利用的资源等条件，由学校成员自愿、自主、独立或与校外团体或个人研究者合作开展的，旨在满足本校所有学生学习需求的课程开发活动。校本课程开发可以是国家课程、地方课程的校本化实施，也可以是以校为本的课程开发，包括课程的设计、实施、评价、改进等环节。

总体而言，校本课程开发具有以下几个主要特征：(1)校本课程是对国家课程、地方课程的补充，要以国家或地方制定的课程纲要和课程标准为指导；(2)开发时要充分考虑学校自身的实际、特色和资源；(3)开发的主体是学校的教师，可以独立开发，也可以与校外相关人员或机构合作开发，根据主体参与程度的不同，校本课程开发可以分为选用、改编、拓展、新编四种类型；(4)开发的目的是提供丰富的课程，满足学生的个性化发展需求；(5)开发活动是一个持续改进的动态过程，包括课程的设计、实施、评价、改进等环节。

本书重点研究以校为本的课程开发活动，不涉及对国家课程和地方课程的校本化实施的研究。

---

① 黄宇，黄瑶.跨学科环境教育校本课程的开发模式[J].环境教育，2018(10).

第三节 研究概况

为了梳理清楚国内外关于校本课程开发的研究情况，本节主要以中国知网中的文献为主进行分析。

一、国外的研究

（一）校本课程开发的兴起

20世纪六七十年代，西方国家兴起了一股强劲的校本课程开发运动。在1973年，菲吕马克和麦克米伦在国际课程研讨会上正式提出"校本课程开发"这一概念。20世纪70年代后期，各国的校本课程开发蓬勃发展。20世纪80年代，关于校本课程开发的国际研讨会越来越多，研究的范围也有了进一步的扩展，包括内涵、开发模式、开发条件等。20世纪90年代，校本课程开发的影响力更大，开发理念日趋成熟，各个国家都有不同程度的校本课程开发活动。由于各国在政治制度与教育传统上的差异，学者对校本课程开发的理解和表述、对校本课程开发形式和内容的研究也有所不同。

（二）校本课程开发的背景

校本课程开发运动在各国兴起的具体时间和背景并不一样，大致在20世纪60年代中后期，主要源于课程改革运动失败、全球民主化运动高涨和教师自主发展的需要。① 美国在20世纪50年代发起了一场课程改革运动，旨在提高全民科学素质和增强国防力量。这次改革直接由联邦政府制订统一的课程计划和教材体系，但很快就以失败而告终。与此同时，其他国家也发起了一些全国性的课程改革运动，收效甚微。这使得他们意识到自上而下推行课程改革的弊端，自下而上的课程改革开始盛行。20世纪六七十年代的"学潮"风暴、"女权运动"，宣示着民主运动的高涨。20世纪90年代，"去中心化"思潮的发展，带动了全球民主化运动的发展。这种民主化思潮得到了校本课程开发研究的回应。随着课程改革的不断推进，教师有了更自主的专业发展要求。这种自主的专业发展要求，也反映在校本课程开发中。因此，西方各国的校本课程开发不断发展。

① 徐玉珍.校本课程开发：背景、进展及现状[J].比较教育研究，2001(8).

（三）校本课程开发的模式

关于校本课程开发的模式，比较流行的包括目标模式、过程模式、实践模式、情境模式、自然主义模式等。目标模式由美国著名的课程论专家泰勒（R. W. Tyler）提出，是指四段渐进式的开发模式，即确定目标、选择学习经验、组织学习经验、评价。在泰勒看来，教育目标是指导课程研制者所有其他活动的最关键的准则，只有确定了目标，才能选择学习经验（内容）和组织学习经验（方法），才能评价目标的实现程度。过程模式由英国著名的课程论专家斯滕豪斯（L. Stenhouse）提出。他主要论证了课程研制过程中的基本原则及方法，如一般目标与程序原则、课程设计及课程内容选择的依据、开放的课程系统与形成性评价。这种模式冲破了目标模式“技术理性”的樊篱，把课程开发建立在实际的教育情境基础上。实践模式由美国著名的课程论专家施瓦布（Joseph J. Schwab）提出，一是强调课程的终极目的是“实践兴趣”；二是把教师和学生看作课程的主体和创造者；三是强调课程开发的过程与结果、目标与手段的连续统一；四是强调通过集体审议来解决课程问题。这种模式使课程实施更加人性化、问题化、主体多元化。情境模式由英国教育家斯基尔贝克（Skilbeck，M.）提出，强调按照学校的具体情况，在全面分析与评估学校情境的基础上研制课程方案，中心及焦点在于具体的单个学校及其教师。这一模式由分析情境，确定目标，设计方案，解释与实施，检查、评价、反馈与重建五个具体阶段构成，是一种灵活的、比较全面的、适应性较强的模式。自然主义模式是沃克（Decker F. Walker）观察课程开发过程后在 1971 年正式提出的一种课程开发模式。这种模式形成了一种有关课程计划过程的框架，包括三个步骤，即形成课程纲领、采用系统方法进行审议、进行设计。这五种模式也有各自的不足与局限性，此处不再展开论述。

（四）校本课程开发的路径

因为政治制度和教育环境不同，各国的校本课程开发路径也不尽相同。相比集权制国家，分权制国家实施校本课程开发的条件更加宽松，如澳大利亚鼓励学校自主开发课程，联邦政府对校本课程也比较感兴趣，主动提供资助；英国因教师享有较高的专业自主权，虽没有最高教育行政部门的支持，却保留着校本课程开发的传统，因此，英国的校本课程开发无论是在内容上还是在形式上都十分丰富；美国因地方学区拥有较大的自主权，其校本课程开发更强调包括学校成员、外部专家、社区代表在内的参与式的集体审议；新西兰校本课程开发的基本路径是面向社会咨询意见，修订课程标准，确定课程基本框架，明确学习领域，进行学校课程设计，落实在教学与评价中；加拿大各个省的教育局掌握着教育的立法权，但校本课程开发并没有得到法律上的支持，也有部分省试图从改变其制定的课程指南的指令性质入手来支持校本课程开发。此外，校本课程开发在一些集权制国家（如法国），也得到了政府和民众的支持，一般都是由政府放权，给予鼓励和支持性的政策。世界各国校本课程开发决策与责任的变化轨迹基本上呈现出“寻求国家、地方和学校课程开发之间的平衡”的共同趋势。

（五）校本课程开发的影响因素

从开发主体来看，较多的研究者认为，校本课程开发的主要影响因素是人，尤其是教师。教师的课程开发意识和能力是校本课程开发能否成功的决定性因素。[①] 正如科林·马什所说的那样，教师的主动参与是校本课程开发过程中一个具有决定性的因素，可以说是校本课程开发成功的关键。处在一线的教师和学生是校本课程开发的主要决策人和参与者，校本课程开发的出发点和回归点都是为了学生的成长和教师的专业发展。[②] 教师是校本课程开发中的组织者和引导者，是能够提升校本课程开发水平的核心人物。[③] 相较国外的教师，我国大部分教师缺乏课程开发的技能和素养，这也是影响因素之一。[④] 在农村等教育条件稍微落后的地方，校本课程开发过程中，教师的影响更大。教师的个人素质、课程开发能力、课程观念、知识结构、科研能力、合作精神等都至关重要。[⑤] 除了教师的作用，校长的领导能力、沟通交流能力、推动和引导教师的能力也不容忽视。[⑥] 可见，校长是重要而独特的因素，是影响学校共同体建设的关键因素，对促进教师交流、协调课程组织等有重要影响。[⑦] 校本课程开发是一个复杂的系统工程，同样需要家长的参与，家长资源是校本课程开发的一种重要资源，家校应密切合作[⑧]，共同促进校本课程开发。家校合作能够为校本课程开发提供新的空间和视角，如果家校合作出现缺位、错位、低融合、分散等问题，可能会导致校本课程开发的失败[⑨]。

从开发实践来看，校本课程开发存在一些问题：(1)方向性错误，如课程开发的方式、

---

① 郑晓萍. 香港幼儿园教师校本课程开发能力提升研究[D].华中师范大学，2019.

② 孟庆楠. 初中道德与法治校本课程开发研究[D].东北师范大学，2019.

③ 陈婷. 基于优秀民族文化传承的校本课程开发实践探索——以拉萨市实验小学藏文化特色校本课程为例[J].民族教育研究，2020(1).

④ 高云庆.校本课程开发：理念与框架[J].兰州大学学报(社会科学版)，2002(3).

⑤ 李朝辉.影响农村校本课程开发的教师因素分析[J].教学与管理(中学版)，2002(8).

⑥ 吴刚平.校本课程开发的特点与条件[J].教育研究与实验，1999(3).

⑦ 周军.试论影响校本课程开发的因素[J].教育发展研究，1999(12).

⑧ 杜文军，高梦馨.家长资源校本课程开发研究[J].教育理论与实践，2017(29).

⑨ 张亚，于宗助.校本课程开发的困境与对策：家校合作的视角[J].教育理论与实践，2018(26).

技术等不当;(2)科学性不足,如课程设计的规范性不够、课程内容的科学性不强[①];(3)可操作性不强,如没有考虑学校自身和所在区域的资源问题,导致大量的人力、物力浪费。[②] 校本课程应依托于学校,成长于学校,应用于学校,植根于学校[③]。

从开发环节来看,部分学者认为,在校本课程开发前要进行开发评估或情境分析,对当地可用的教育资源进行仔细的分析,保证校本课程开发有效运行[④]。校本课程开发涉及不同部门的合作共商、权责利益、资源分配等,不仅是技术的掌握与更新,更是学校文化的改造与重塑[⑤]。

还有部分学者把校本课程开发的影响因素分为"校内因素、校外因素""主观因素、客观因素""宏观因素、中观因素、微观因素""主体因素、资源因素、环境因素"等。不管是哪种分法,学者提及的主要影响因素都包括教师、学生、家长、社会力量等利益相关主体,以及不可忽视的学校、区域等环境因素。

二、国内的研究[⑥]

1999 年,《中共中央 国务院关于深化教育改革全面推进素质教育的决定》中明确提出,建立新的基础教育课程体系,试行国家课程、地方课程与学校课程。2001 年 9 月,我国中小学正式实施课程改革(包括校本课程开发)。华东师范大学的崔允漷、吴刚平、王斌华等研究者逐渐注重研究校本课程的开发模式、影响因素、国外案例、未来走向等。

为了全面梳理我国校本课程开发的研究情况,笔者在中国知网中搜集了 1979 至 2020 年的数据资料,主要采用内容分析法,从研究阶段、研究主题、研究演变、研究展望等视角进行分析。

(一) 校本课程开发的研究阶段

笔者按照年份对研究文献进行定量分析,得到 1979 至 2020 年校本课程开发研究文献的时间分布图(见图 1-1)。

---

① 李令永.论校本课程开发的逻辑分殊[J].教育发展研究,2020(18).

② 胡定荣.论校本课程开发政策的未来走向[J].课程·教材·教法,2020(9).

③ 廖哲勋.关于校本课程开发的理论思考[J].课程·教材·教法,2004(8).

④ 崔允漷,陈建吉,傅建明.影响校本课程开发的因素:以台湾 S 小学为例[J].教育发展研究,2000(10).

⑤ 刘丽群,周先利.校本课程深层开发:何以可能[J].湖南师范大学教育科学学报,2020,19(6).

⑥ 王利敏,缪锦瑞.我国基础教育校本课程开发研究分析与展望——基于 1979～2020 年校本课程开发研究文献的内容分析[J].上海教育科研,2021(10).

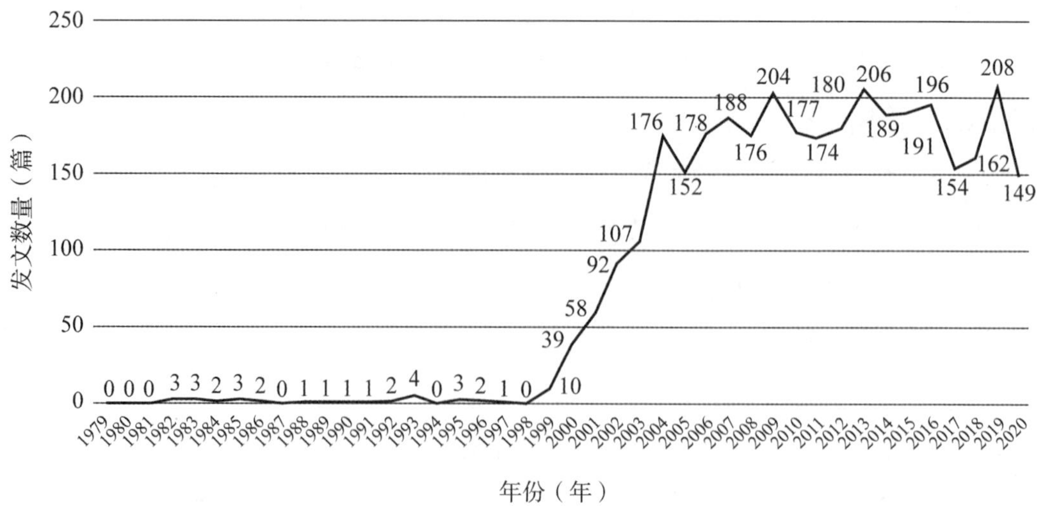

图 1－1　1979 至 2020 年校本课程开发研究文献的时间分布图

由此可见，我国校本课程开发研究总体呈上升趋势。从 1999 年开始，文献数量迅速攀升；2009 年后趋于平稳，在波动中有所上升。笔者把 1979 年以来的研究分为三个阶段。

1. 缓慢发展期(1979 至 1998 年)

这一阶段，我国的校本课程开发研究处于缓慢发展期，每年仅有少量的文章发表。校本课程开发研究关注的重点主要包括：对国外课程开发理论进行译介性研究；对课程开发的基本问题开展思辨性研究。这些译介和思辨探讨为课程开发的实践打下了良好的理论基础，但中小学在校本课程开发方面的实践探索依然非常少。究其原因，当时我国实行的是国家统一设置的课程。这种统一设置的课程要求所有中小学都使用一种课程计划、一份课程标准、一套教材。这样的课程开发缺乏灵活性和多样性。1986 年，我国中小学的教材制度改国定制为审定制，单一的中央集权式课程计划发展为中央与外围课程计划相互结合。1996 年，《全日制普通高级中学课程计划(试验)》中明确规定“普通高中课程由中央、地方、学校三级管理”，学校应该“合理设置本学校的任选课和活动课”，中小学校逐渐开启了校本课程开发的探索之路。

2. 迅速攀升期(1999 至 2009 年)

这一阶段，有关校本课程开发研究的文献数量迅速攀升。究其原因，1999 年，《中共中央 国务院关于深化教育改革全面推进素质教育的决定》颁布，校本课程开发成为课程改革的重点内容之一。2001 年，教育部出台《基础教育课程改革纲要(试行)》，明确强调要实行“国家、地方、学校三级课程管理”。在素质教育和课程政策的推动下，广大学者和中小学教师加大了对校本课程开发的研究。但由于对校本课程开发的认识不够深入，这一阶段的校本课程开发实践出现了很多问题，如缺乏理论支持系统、教师课程意识薄弱、缺乏家长和社会的响应；又如校本教材编写质量良莠不齐、课程评价严重滞后等。基于对问题的分析，很多学者认为大家对概念的界定和理解出现了偏差。学者纷纷从不同视角界定和辨析校本课程开发的概念，对校本课程开发的课程决策和课程资源、教师能力培养、校本教材编写、特色创建等内容进行深入研究。

3. 平稳上升期（2010 至 2020 年）

这一阶段，文献数量总体上仍在增加，但偶尔有波动。2014 年，《教育部关于全面深化课程改革落实立德树人根本任务的意见》把校本课程开发的研究推向了新的高度。这一阶段的研究主要涉及核心素养、学生发展、课程资源、开发主体、校本教材、课程改革、开发实践、课程体系等内容。校本课程开发研究逐渐步入追求内涵和质量的阶段，主要表现是开发的内容聚焦到核心素养的转化和校本表达上。“核心素养”的提出，无疑影响了学校教育的方向、内容与方法，也影响着校本课程开发的方向、内容与方法。这一阶段的校本课程开发研究从关注学校特色创建转变为关注学生发展。校本课程开发逐渐以儿童个性化发展、终身发展为目标，遵循儿童身心发展规律，引导儿童主动参与学习。

（二）校本课程开发的研究主题

结合校本课程开发的研究阶段，可以把研究主题归纳为理论探讨、教师发展、文化趋向、素养追求四方面。

1. 理论探讨

理论研究者和实践者对校本课程开发的研究，主要涵盖概念界定、价值追求、课程资源、开发主体、开发类型、开发内容、开发模式（策略）等方面。在 2000 年前后，学者重点讨论的议题是“对校本课程开发概念的理解”，出现了“校本的课程开发”“校本课程的开发”等争论，形成的基本共识包括“以校为本、根据学校的实际情况、由学校成员参与、满足学生发展需求”等。近年来，有的学者提出“校本课程开发的再概念”，有的学者提出立足本土视域理解校本课程开发，有的学者提出基于核心素养重新解读校本课程开发。

2. 教师发展

校本课程开发与教师发展密不可分。教师是校本课程开发的主要力量。校本课程开发不仅为教师搭建了专业化的发展平台，还培养了教师的课程意识，拓展了教师的专业知识和技能，促使教师不断进行专业反思。在 2006 年以前，学者对教师发展的研究主要集中在有效性探讨、机遇与挑战等方面。之后，如何通过课程开发促进教师专业发展逐渐成为研究重点，因为核心素养的落实对教师的课程意识力、课程开发力、课程设计力和课程实施力等提出了更高的要求。李臣之等学者提出了提升教师课程领导水平的观点，希望教师通过协作与对话，积极参与课程开发、决策、评估等，在这个过程中提升课程意识和课程能力，最终提升课程领导水平。

3. 文化趋向

近年来，校本课程开发中的“文化味”越来越浓，课程开发的目的决定了校本课程开发必须植根历史、传承文化。有的学者对全国传统文化类校本课程的现状进行了抽样调查，发现传统文化类校本课程具有开设数量较大、门类丰富多样、涵盖面广、依托地域文化资源等特征。在这样的趋势下，更多实践者把传统文化、地方文化、校园文化、民族文化等与校本课程开发有机整合。但是，也有学者认为，校本课程开发中呈现给学生的文化应当是从个体成长需要出发的、更符合个体发展现实需要的文化。

4. 素养追求

校本课程开发的内容逐渐从零散的不成体系的某一方面转变为对核心素养的研究，即核心素养如何落实在学校的校本课程中。2014 年，《教育部关于全面深化课程改革落实立德树人根本任务的意见》中强调，要制定和落实各学段学生发展的核心素养。之后，核心素养研究及其实践探索逐渐成为我国教育改革与发展的重要方向之一。2016 年，《中国学生发展核心素养研究报告》公布后，核心素养成为教育领域的热点话题。核心素养成为学校进行校本课程开发的主要依据，也成为当下和未来校本课程开发研究与实践的核心追求。

（三）校本课程开发的研究演变

仔细分析研究阶段和研究主题的变化情况，可以归纳出校本课程开发研究的四个演变趋势。

1. 从课程管理走向课程治理

随着课程改革的不断深化，原有的课程管理已经不能满足多主体参与课程开发和建设的需求，需要从单一主体的课程管理，走向多元主体共同参与的“多元共治”。自三级课程体制实施以来，地方和学校有了更多的课程权力，能够以更加灵活的方式开展多主体参与的课程治理。胡定荣研究了学校课程治理变革的意义、性质与任务，认为学校课程多主体治理需要哲学本体论、认识论、价值论的合理性辩护与行动指引，课程治理的主要任务包括建立学生发展核心素养课程标准、构建多层次的课程协商治理机制、改进课程治理权力的运作方式。课程开发逐渐从管理走向治理。

2. 从理论思辨走向实践改进

理论研究者和实践者从最初关注概念实质、价值追求、影响条件、开发模式、课程权利等基本理论问题，逐渐转变为关注校本课程开发的实施策略和实践问题。在理论思辨方面，学者主要聚焦国外课程开发模式的译介、基本问题的逻辑思辨和理论探讨。校本课程开发带有强烈的实践特性，并且逐渐走向反思性实践。但由于对校本课程开发基本问题理解不够全面，开发实践中出现了一些亟待解决的问题，如把校本课程与校本教材画等号、追求校本课程的表面热闹、简单拼凑课程资源。因此，学者对校本课程开发的研究，逐渐从理论思辨走向理论关照下的实践改进。

3. 从学科碎片走向跨界整合

早期，校本课程开发比较注重学科逻辑，经历了单一学科、课程群、学校整体课程构建的发展过程。当核心素养的落实、转化、表达需要学校课程结构进行相应调整时，原来以学科为逻辑开发的校本课程呈现碎片状态，难以发挥整体育人功能。因此，学校需要基于课程统整的思维逻辑，以核心素养为主轴，打破学科界限，开发能够“串”起儿童完整世界的校本课程。目前，对落实核心素养的课程统整研究还远远不够。为了落实核心素养，校本课程开发时可以尝试整合学科课程，整合多种学习方式，还可以从多学科统整、跨学科统整、超学科统整视角出发，根据学校课程统整规划方案选定主题、整合资源、设计活动、组织实施，形成良性互动。

4. 从兴趣特长走向系统设计

我国中小学校本课程开发大致经历了三个阶段：一是根据教师的能力开设多样化的选修课；二是基于学生发展的需求进行多元化建设；三是依据社会发展、学科发展、学生发展、学校发展的需求，不断更新调整，进行系统化建设。改革开放初期，在素质教育理念的号召下，中学的兴趣小组、社团等兴趣类课程逐渐增加，主要目的是促进学生的特长发展；1999 年后，校本课程开发出现热潮，为了凸显学校发展特色，许多学校热衷于编写校本教材。2015 年后，出现了一个明显的趋势，即低年段关注课程整合，高年段关注课程选择，如北京市十一学校的“一人一张课表”走班上课制度。近年来，课程结构从局部开发走向系统设计，学校的校本课程体系越来越完备。

（四）校本课程开发的研究展望

基于以上分析，未来的校本课程开发研究可能会重点关注以下几方面。

1. 更加注重核心素养表达的课程逻辑

校本课程成为学校落实核心素养的重要载体，很多理论研究者提出要基于课程统整理念进行课程开发,很多实践者进行了校本表达的尝试,但是部分学校基于核心素养搭建起来的课程体系逻辑结构散乱,偏好把核心素养分解成不同的学科元素,再对这些学科元素进行简单拼凑。这样开发出来的课程不仅实施起来困难,而且效果也不理想。基于核心素养的校本课程体系建设仍然值得理论研究者和实践者深入研究,学校应基于核心素养的落实,统整国家课程、地方课程和校本课程,积极开发打破学科界限又高度整合的课程。

2. 融通自上而下和自下而上的开发路径

学校更倾向于自上而下的开发路径,这种路径由学校领导者制定课程规划,明确课程定位,选择具有相关能力的教师,由教师进行校本课程的开发、实施和评价。这种路径主要依赖学校领导者的课程规划和教师的课程开发能力,因为缺乏情感认同,很容易造成教师课程变革的动力不足。自下而上的开发路径更关注学生的兴趣,往往从关注学生全面发展和个性化发展的角度进行开发。这两种路径各有优势,建议学校在校本课程开发中坚持双向思维,融通自上而下顶层设计和自下而上反馈调试的开发路径。

3. 引导多元主体共同参与课程开发

2014 年,《教育部关于全面深化课程改革落实立德树人根本任务的意见》中提出,要基本形成多方参与、齐心协力、互相配合的育人工作格局。2017 年,《关于深化教育体制机制改革的意见》在主要目标里提出,要形成政府依法宏观管理教育、学校依法自主办学、社会有序参与、各方合理推进的格局。这些政策都强调要引导多元主体共同参与课程开发。受课程治理理论的影响,校本课程开发的利益主体逐渐多元,一些社会力量也有着强烈的参与学校课程建设的欲望。但是,目前的学校课程协商治理机制和课程治理方式尚未健全,相关利益主体的治理能力也并没有发展起来,校本课程开发中社会力量的参与情况并不乐观。因此,理论研究者和学校都应该更加关注学校课程开发治理体系的建设和治理能力的提升。学校要转变课程发展观念和方式,积极建立课程协商参与机制,以更加开放的治理心态,吸纳更多的社会力量参与学校的课程决策、设计、实施、评价。

4. 更加注重技术在校本课程开发中的应用

当下,人工智能等新技术逐渐融入校本课程。第一,机器人、编程、虚拟现实应用技术等越来越受到学校的关注,逐渐成为校本课程开发的内容,如部分小学开发了人工智能校本课程、部分中学把人工智能与 STEM 课程结合起来。第二,很多能够辅助课程开发的技术正在引领课程开发走向技术向度。如黄甫全从神经科学和人工智能视域出发,对人类教师与人工智能教师联袂执教的双师课堂的课程开发进行了探讨。未来的校本课程开发中,教育技术会发挥越来越重要的作用,将从课程的内容和技术层面引领校本课程开发的智慧发展。

第二章

课程政策

课程政策是国家公共政策的一部分，既是执政团体和政党价值取向的反映，也是对时代需求的回应，具有一定的历史性、连续性和情境性。国内外学者从内容、计划、权力、过程、结果等方面对课程政策的定义进行了讨论。有学者结合静态文本与动态行动两方面，把课程政策界定为政府和政党的公共权力。[①] 政府和政党为了实现一定的课程目标，通过一定的程序制定了课程的行动方针、准则以及相应的行动过程。具体表现为课程规划、纲要、标准、方案、教科书等文本形式和课程行动策略。想要探讨校本课程开发的深化策略，就绕不开对相关课程政策的梳理与分析。因此，在探讨课程政策时，以政策文本为切入点，从历史视域和国际比较的角度进行梳理分析。本章旨在通过对课程政策的分析，寻求深化校本课程开发的政策建议。

① 黄忠敬.课程政策[M].上海：上海教育出版社，2010.

第一节　国际视野

本节主要对美国、英国、日本的课程政策进行分析，在此基础上，评析国外课程政策对我国校本课程开发的启示。

一、美国的课程政策

美国实行地方分权课程体制，各州直接领导并管理本州的学校教育，联邦政府主要通过国会立法和拨款间接影响学校教育。在20世纪50年代前，美国较少干预教育，课程政策偏向保守主义，古典学科在课程政策中比较受欢迎。直到美国认为国家生存面临挑战，古典学科的课程地位才逐渐被现代学术性学科代替。1957年，苏联卫星成功发射，在美国引起轩然大波。1958年，美国颁布《国防教育法》，提出用各种形式对州、地方及个人给予实质性的援助，以求在质与量方面都能满足有训练的人力要求，其核心内容包括：(1)加强普通学校"新三艺"课程(即自然科学、数学和现代外语)的教学；(2)重视职业教育；(3)强调天才教育；(4)加大对州、地方及个人的教育经费援助。该法案在美国教育史上具有重要意义。

20世纪80年代，日本、韩国等国经济崛起，国际竞争日益激烈，世界经济形势变化加剧，美国教育质量下滑。在此背景下，1983年，美国高质量教育委员会发表报告《国家处在危机之中：教育改革势在必行》。该报告引发了美国新一轮的课程改革，改革的重心是把课程的权力交给各州。美国规定，由地方自主决策，然后逐步转换成地方学区及学校层面的政策，最终通过不同层次的组织传授给学校不同类型的学生。①

该报告在调查了教育过程中的四个重要方面(即教学内容、标准和要求、学习时间、教学)后指出，由于缺少全国统一的课程标准和要求，各州、各地区学生发展不平衡，影响了教育质量。报告中提出了以下建议：②(1)中学期间需要学习五项"新基础课"，即四年

① 娄立志，孙亚军.当代美国课程政策的代价分析[J].教育理论与实践，2006(12).

② 吕达，周满生.当代外国教育改革著名文献(美国卷・第一册)[M].北京：人民教育出版社，2004.

英语课程、三年数学课程、三年科学课程、三年社会方面的课程、半年计算机科学方面的课程;(2)采取更严格和可测量的学业标准,提出更高的要求,并且提高四年制学院和大学的入学要求;(3)把更多时间用于学习"新基础课",更有效地使用现有的在校日;(4)改进师资培养工作,提升教师职业的受尊敬性和竞争性,建立教师职称制度;(5)教育工作者和当选的官员负责领导并完成上述一系列改革。

之后,美国又颁布了《普及科学——2061 计划》《美国 2000 年教育战略》《2000 年目标:美国教育法》等,旨在提高教育质量、提升教育标准、提供优质教育。

21 世纪初,为了解决中小学教育质量低下的问题,美国颁布了《不让一个孩子掉队法案》(No Child Left Behind),试图通过测验与问责让所有学生都能取得成功。该法案要求各州三至八年级的学生每年都要参加全州统一的阅读和数学水平测试,各州自定考核标准,对于不达标的学校进行惩罚,并要求两年、三年、四年、五年不达标的学校采取不同的整改措施。该法案引发了争议。赞成的一方认为,这有效提升了中小学生的学习水平,尤其是提升了那些处于不利地位学生的阅读和数学水平。反对的一方认为,各州自定考核标准会造成教育不公平,也势必会让学校以州考为指挥棒,削弱非考试科目的地位。这一时期,美国课程政策主体指向联邦政府和各州政府,国家既试图建立统一的课程标准,又赋予各州更多的自主权。

奥巴马政府在基础教育方面也颁布了很多有关择校、标准、科技发展的政策,主要包括:(1)推行教育分权和增加预算以保障择校更加自由与平等,如颁布《美国复兴再投资法案》,向基础教育投放 800 多亿美元,支持"竞争卓越"计划;(2)注重学业高标准与多元评估,发展科学教育,如制定"州共同核心课程标准",包括民主制定学业标准、提高课程难度、统一学校和学区标准及表现、注重多元主体评估与问责、加强人事和项目评估测试有效性,各州标准可以有所不同,但都要指向教育质量的提高。2016 年,奥巴马政府颁布了《STEM2026:教育中的创新愿景》,加强对未来科学教育发展的预测。而特朗普政府却废除了"州共同核心课程标准",在择校方面推行教育券,令教育呈现市场化发展趋势。联邦政府在教育经费上总体削减、部分增加,继承了奥巴马对学生 STEM 教育各方面的投入,完善了科学教育,旨在提升全球化国家的核心竞争力。①

分析美国课程政策的发展历程,可以发现:美国的课程改革均以教育质量和公平为

① 王雪娇,勾月.2008 年以来美国基础教育政策的嬗变与探析[J].佳木斯教育学院学报,2021,37(10).

目标;美国非常重视科学、自然、数学、阅读;虽然有过短暂的政府集权,但总体来看仍是地方分权模式。

二、英国的课程政策

20 世纪 80 年代前,英国的课程权力主要在学校,政府很少干预学校教育,全国没有统一的课程标准和教材,教师在课程设置、教学内容、教学方法等方面享有高度的自治权。教师高度自治虽然能充分调动教师的积极性和主动性,但教学内容、教学实施的差异势必会造成学生知识储备的不完善,影响教育质量。

英国政府意识到了教育中存在的问题,随后出台了一系列文件,旨在逐步统一课程标准,收回课程权力,削弱教师的课程自治权。1988 年《教育改革法》为英国的教育改革提供了法律依据。其主要内容有:(1)实施全国统一的课程,义务教育阶段开设核心课程、基础课程、附加课程三类课程,其中,核心课程和基础课程是必修的国家课程,核心课程包括英语、数学和科学;(2)改革考试制度,义务教育阶段的学生要参加四次全国性考试(分别在 7、11、14、16 岁时);(3)改革学校管理体制,在多数家长的要求下,中小学可以直接由中央教育机构指导。该法案的实施加强了课程的中央集权,统一的课程缩小了教育的差异,全国性考试也能够让家长了解孩子的学业水平。然而,课程自主权的削弱影响了教师在课程方面的主动性和积极性。因此,英国在 1993 年颁布的教育法中适当减少了国家统一课程,增加了多样性和灵活性的课程。1999 年颁布的《新国家标准》增加了信息技术和公民教育,减少了中央集权,全国统一课程实施对象从 5 至 16 岁的学生变为 5 至 14 岁的学生,学校可以依据国家课程自主安排其他课程。进入 21 世纪,英国的课程政策表现出应对经济全球化发展的特点。2013 年,英国颁布了国家课程框架,对英语、数学和科学三门核心课程进行了调整。

英国的课程政策发展脉络清晰,从学校、教师享有高度自治权到国家加强干预,再到国家课程的统一性与灵活性并行,是多方利益平衡的结果。

三、日本的课程政策

"二战"后,日本致力于教育改革,旨在提高国民素质,从而促进国家复兴。"二战"后,日本的教育改革大致分为三个阶段。

第一个阶段是"二战"后到 20 世纪 70 年代末。在这个阶段,日本效仿美国,建立了民主主义教育体制。1947 年，文部省颁布《教育基本法》，提出建设既有民主又有文化的国家。该法律包括教育目的、教育方针、机会均等、义务教育、男女同校、学校教育、社会教育、政治教育、宗教教育、教育行政等内容。之后颁布的《学校教育法》，是《教育基本法》的具体化。《学校教育法》提出：(1)废除中央集权，实施地方分权；(2)实行"六三三四制"单轨学制（小学六年、初中三年、高中三年、大学四年），把义务教育延长至九年；(3)所有国民应当按照能力享受平等的教育机会等。

为进一步落实两部法律，文部省颁布了国家课程标准，即《小学学习指导要领》和《初中学习指导要领》，先后多次进行修改调整。《小学学习指导要领》规定，小学开设的课程包括国语、社会、算术、理科、音乐、国画手工、家政、体育和自由研究。《初中学习指导要领》规定，初中课程分为必修课和选修课，必修课包括国语、习字、社会、国史、数学、理科、音乐、图画手工、体育和职业；选修课包括外语、习字、职业和自由研究。日本这一时期的教育改革深受杜威教育思想的影响，偏重经验主义，忽视系统知识的传授，导致学生学力下降。1958 年，文部省提出了"充实基础学力，提高科学技术教育"的课程改革方针，重新修订《小学学习指导要领》和《初中学习指导要领》，调整课程方向，加强基础学科，精选各科教材内容，注重基本知识技能的学习，充实小学和初中的算术、数学、理科内容，加强道德教育和科技教育。① 为了适应社会发展，满足儿童的发展需要，1968 至 1969 年，文部省再次修订《小学学习指导要领》和《初中学习指导要领》，把小学课程分为学科课程和道德课程；将中学课程分为教学科目、道德、特别活动三个领域，教学科目由必修学科和选修学科组成，同时实施职业预备教育。

第二个阶段是 20 世纪 80 年代初至 20 世纪 90 年代末。这一时期，日本在国际上面临新的挑战，受到终身教育思潮影响，逐步确立了面向 21 世纪的终身教育体系。1985 至 1987 年，日本发布了关于教育改革的四次咨询报告，力求实现教育的自由化、多样化、国际化、信息化和人性化，反复强调改革要遵循三项原则，即重视个性、向终身学习体系过渡、适应国际化和信息化社会的需要。1989 年，日本重新修订了《小学学习指导要领》和《初中学习指导要领》，在小学课程中增加低年级国语的课时，增设生活课，删除社会和理科；初中科目与小学相同，从第二学年开始扩大选修学科，增强课程的适应性和灵活性。

---

① 钟启泉.现代课程论[M].上海：上海教育出版社，1989.

第三个阶段是 21 世纪初至今。这一时期的教育改革强调“轻松宽裕”，重点改变原来知识灌输的教学方法，加强培养学生独立思考、判断、解决问题和语言表达的能力，培养学生独立生存的能力和国际化的生存意识，顺应国际化发展要求。① 在课程改革中，削减课程内容，降低课程难度；减少课时，调整课时比例；增设“综合学习时间”课程，学校依据自身情况开展；增加外语、计算机等国际化、信息化课程。这一时期的教育改革强调面向国际、面向未来，课程体系以培养能力为重，政府把课程自主权下放至地方和学校。

日本的课程从强调联系生活经验、重视知识，到强调学科中心、注重能力培养，从课程统一化到多样化和灵活化，都是顺应国际化、信息化的体现。

四、对我国校本课程开发的启示

在国际视野的课程政策梳理中，可以清晰地看到课程的发展脉络。

一是课程权力从集权走向分权。不管原来是以中央集权为主的国家，如日本，还是以地方分权或高度自治为主的国家，如美国和英国，最后都走向了中央、地方和学校的分权管理模式。这一方面是因为中央高度集权会忽略地区差异性，造成课程僵化、缺少灵活性；另一方面是因为地方分权或高度自治会使各地区教学质量参差不齐。在多方利益平衡中，中央、地方和学校三者分权而治、协调互补、相互配合，以保证课程的统一性与灵活性。

二是各国教育越来越关注国际化。在各国政策的发展阶段中，2000 年是一个重要的时间节点，具有危机意识的国家在此前后纷纷布局，规划本国的教育改革方向。在经济全球化的浪潮中，各国都提出教育兴国、科技立国等理念，希望通过教育改革提高公民素质，进一步提升国家综合实力，以应对日益激烈的国际竞争。在课程设置上重视数学、科学、阅读和自然，在培养目标上从注重知识转向注重能力、核心素养，注重外语沟通、交际能力，增设计算机、信息技术等学科。

三是课程的统一性与灵活性并行。各国课程政策不尽相同，有的由国家制定统一的课程标准，地方、学区以国家标准为依据编写课程计划、教科书，学校结合自身特点开发校本课程，实现国家课程、地方课程和校本课程三级管理；有的则分为必修课和选修课，不管采取的是哪种形式，都体现了课程的统一性与灵活性并行，保证了教育的公平。

---

① 黄忠敬.课程政策[M].上海：上海教育出版社，2010.

第二节 国内政策

我国基础教育课程从中华人民共和国成立至今经历了八次改革，关于课程政策的历史分期，学者的观点大致分为以下几种。

一是把课程发展的阶段性和课程变革的本质作为划分依据。白月桥认为，以往在谈论课程计划时，多用第几年、第几套等字眼，这类说法难以反映课程发展的阶段性和课程变革的本质，应该用“代”的概念取代“套”的概念来研究课程的变革，据此可以把课程政策分为三代：第一代以“文化大革命”前为主，包括“文化大革命”刚结束时为拨乱反正所编订的课程计划、大纲；第二代指 20 世纪 80 年代中期到 20 世纪 90 年代末期，包括 1985 年《义务教育法》颁布以后所编订的课程计划、大纲等；第三代指自 1998 年教育部起草《基础教育课程改革指导纲要》以来颁布的一系列课程计划等。[①②]

二是以国情为依据，以政治转型为参照来划分课程政策。黄忠敬以改革开放为分水岭，将课程政策大致分为改革开放前和改革开放后两个阶段。他根据两个阶段的课程政策的不同特点和现实状态，又细分出六个阶段，即社会主义改造阶段（1949 至 1957 年）、社会主义建设阶段（1958 至 1965 年）、“文化大革命”阶段（1966 至 1976 年）、改革开放初期（1977 至 1985 年）、建设中国特色社会主义（1986 至 1999 年）、全面建设小康社会阶段（2000 年至今）。[③] 王增昌把改革开放后的课程改革分为四个阶段：第一个阶段是 1978 至 1993 年，拨乱反正，激发了教师参与改革的热情；第二个阶段是 1994 至 2000 年，减轻学生过重的负担，促进教育“转轨”；第三个阶段是 2001 至 2007 年，实施课程改革，落实教学三维目标；第四个阶段是 2008 至 2018 年，深化课程改革，“核心素养”与“新高考”紧密结合。[④]

三是结合以上两种观点进行历史阶段划分。彭彩霞把 1977 至 2008 年的基础教育课程政策分为三个阶段：第一个阶段是 1977 至 1985 年，恢复正常教育秩序和初步探索有中国特色社会主义课程政策时期；第二个阶段是 1986 至 1997 年，实施义务教育和全面建设有中国特色社会主义课程政策时期；第三个阶段是 1998 至 2008 年，构建 21 世纪

---

① 白月桥.课程变革概论[M].石家庄：河北教育出版社，1996.

② 彭彩霞.中国基础教育课程政策三十年（1978—2008）：基于政策语境视角[M].北京：中国社会科学出版社，2015.

③ 黄忠敬.课程政策[M].上海：上海教育出版社，2010.

④ 王增昌.40 年课程改革历程的回顾与思考[N].中国教育报，2018－07－04(6).

基础教育课程新政策时期。[①]

在借鉴以上学者划分方法的基础上，本书重点参考了殷世东[②]的划分方法，大致把中华人民共和国成立以来的课程政策发展历程分为六个阶段。

第一个阶段：1949 至 1957 年

中华人民共和国成立初期，我国在借鉴苏联经验的基础上，研究并制定了基础教育课程政策。1949 年，《中国人民政治协商会议共同纲领》规定了文化教育政策：中华人民共和国的教育方法为理论与实际一致，人民政府应有计划有步骤地改革旧的教育制度、教育内容和教学法。[③] 这项教育政策重在改造，而不是全盘否定原有的教育制度。在苏联专家的协助下，我国自 1950 年起先后制定并印发了一系列有关课程的文件政策，如 1950 年的《中学暂行教学计划（草案）》《中等学校暂行校历（草案）》和小学各科课程暂行标准、1951 年的《关于改革学制的决定》、1952 年的《小学暂行规程（草案）》《中学暂行规程（草案）》。这些政策明确了各级各类教育的学制，进一步规范了中小学教育教学，确定了我国中小学校课程设置的基本框架。

至此，我国在改造旧的基础教育课程及学习苏联教育经验的基础上，初步建立起新的基础教育课程体系。但由于苏联的经验不完全符合我国当时的实际情况，对我国基础教育课程发展和人才培养也产生了一定的不利影响。

第二个阶段：1958 至 1965 年

这一时期，中苏矛盾加剧，在国内，教育为政治服务、必须同生产劳动相结合的呼声高涨，国家尝试下放课程管理权力，激发地方的积极性。1958 年，《关于教育事业管理权力下放问题的规定》提出，各地方可依据因地制宜、因校制宜的原则，对各级各类学校指导性教学计划、教学大纲和通用教材进行修改补充，也可自编教材。课程放权后一度出现混乱状况，影响了教学质量。国家在总结经验教训的基础上，重新收回课程权力，制定了《关于编写普通中小学和师范学校教材的意见》。1963 年，教育部颁布《全日制中学暂行工作条例（草案）》和《全日制小学暂行工作条例（草案）》，与之前的基础教育课程政策相比，课程设置有了很大的调整，不仅增加了选修课，还对相应的课程进行了调整。

---

① 彭彩霞.中国基础教育课程政策三十年(1978—2008)：基于政策语境视角[M].北京：中国社会科学出版社，2015.

② 殷世东.新中国基础教育课程政策变革 70 年回顾与反思[J].现代教育管理，2020(4).

③ 中国人民政治协商会议共同纲领[J].江西政报，1949(3).

第三个阶段：1966 至 1976 年

这一时期，全国教学秩序遭到破坏，教学大纲和教科书的编写、修订工作停滞不前，教学质量严重下滑。

第四个阶段：1977 至 1985 年

这一时期，国家提出要统一教学计划、教学大纲、教科书，所有课程均为必修课，没有选修课。党的十一届三中全会后，我国的教育事业经过拨乱反正，重新走上健康发展的轨道。在改革开放初期，国家主要针对课程结构、学科设置、课程管理等方面进行了调整。如 1978 年，《全日制十年制中小学教学计划（试行草案）》《全日制中学暂行工作条例（试行草案）》《全日制小学暂行工作条例（试行草案）》等草案中规定小学和中学的学制各为五年，并对课程设置进行了原则性说明，小学阶段的课程主要包括政治、语文、数学、外语、自然常识、体育、音乐、美术等。1981 年，《全日制五年制中学教学计划试行草案的修订意见》中把自然常识易名为自然，在四、五年级增设劳动课，用政治课取代思想品德课，恢复地理课和历史课。同年，《全日制六年制重点中学教学计划（试行草案）》中把劳动技术教育列入正式课程，并提出分科性选修，在高中二年级开设选修课，并实行文科、理科分流。1985 年，《中共中央关于教育体制改革的决定》中提出在全国逐步实行九年义务教育，实行基础教育由地方负责、分级管理的原则，调整中等教育结构等。

第五个阶段：1986 至 1999 年

这一时期，我国改革开放和社会主义建设事业迅速发展。我国于 1986 年颁布《中华人民共和国义务教育法》，用法律的形式保障了青少年儿童的受教育权利。这一时期，在课程管理方面呈现出权力下放的状态。1988 年，《义务教育全日制小学、初级中学教学计划（试行草案）》对课程结构、各学科比例等进行了调整和改革，增加了课程的灵活性和多样性。该草案成为当时编写义务教育教学大纲的依据。

进入 20 世纪 90 年代后，随着社会经济的快速发展，对人才的要求逐步提高，我国加快了课程结构及设置的调整与完善。1990 年，《现行普通高中教学计划的调整意见》中进一步把课程结构调整为学科型课程和活动型课程，扩大了选修课的比例，增加了劳动技术、社会实践活动等课程。1992 年，《九年义务教育全日制小学、初级中学教学计划（试行）》中把课程分为“国家安排课程”和“地方安排课程”两类。“地方安排课程”可以由地方政府规定统一的课程计划和教学大纲，教材实行“一纲多本”，打破了原来“一纲一本”全国统一的情形,上海、浙江等地开展了一系列的地方课程试点工作。1993年,《中国教育改革和发展纲要》中提出,中小学教育要由“应试教育”转变为全面提高国民素质。[①] 1996年,《全日制普通高级中学教学计划(试验)》中规定,普通高中课程由中央、地方、学校三级管理,由此开启了课程的三级管理体制。学校可以合理设置本校的任选课和活动课,这两类课程可视作校本课程的雏形。在课程结构上,打破了以往只有必修课的情形,在普通高中课程中增加选修课与活动课的比例。1998年,《面向21世纪教育振兴行动计划》中明确提出,实施跨世纪素质教育工程,整体推进素质教育。[②] 1999年,《中共中央 国务院关于深化教育改革全面推进素质教育的决定》中指出,全面推进素质教育,培养适应21世纪现代化建设需要的社会主义新人。至此,素质教育的理念深入人心,成为基础教育课程政策的航向标。我国进一步调整和改革课程体系、结构、内容,试行国家课程、地方课程和学校课程,逐渐形成了以素质教育为核心的中国特色基础教育课程政策体系[③]。

第六个阶段:2000年至今

这一时期,我国教育改革持续深化。21世纪初,为适应时代发展,国家出台《关于基础教育改革与发展的决定》,颁布《基础教育课程改革纲要(试行)》(以下简称《纲要》),大力推进基础教育课程改革,通过调整基础教育的课程目标、结构、内容、评价、管理等,构建符合素质教育要求的基础教育课程体系。

与以往相比,《纲要》有六大亮点:(1)在课程目标上,强调从知识传授为主转变为知识、技能和价值观(态度)三位一体;(2)在课程内容上,强调要联系生活以及社会发展,为学生的终身学习打好基础;(3)在课程实施上,注重学生的主动探究,培养学生信息处理、知识获取、问题分析和解决、交流与合作等能力;(4)在课程评价上,突出激励改进功能,强调从以往的甄别和选拔功能转变为发展、促进功能;(5)在课程管理上,实行国家、地方、学校三级管理体制;(6)在课程结构上,整体设置义务教育课程,小学阶段以综合课程为主,初中阶段设置分科与综合相结合的课程,高中阶段以分科课程为主,采取“必修+

---

① 中共中央 国务院.中国教育改革和发展纲要[EB/OL].(1993-02-13)[2020-07-15].http://www.moe.gov.cn/jyb_sjzl/moe_177/tnull_2484.html.

② 中华人民共和国教育部.面向21世纪教育振兴行动计划[EB/OL].(1998-12-24)[2020-07-15].http://www.moe.gov.cn/jyb_sjzl/moe_177/tnull_2487.html.

③ 中共中央 国务院.中共中央 国务院关于深化教育改革全面推进素质教育的决定[EB/OL].(1999-06-13)[2020-07-15].http://www.moe.gov.cn/jyb_sjzl/moe_177/tnull_2478.html.

选修”的课程模式，试行学分制管理。此外，《纲要》还强调用课程标准代替教学大纲，规定课程标准既是教材编写、教学、评估和考试命题的依据，也是国家管理和评价课程的基础；教材审查实行编审分离制度。此后，全国启动新课程试点试验工作，在跟踪、评价的基础上总结先进经验进行推广。

2010 年，国家颁布《国家中长期教育改革和发展规划纲要(2010—2020 年)》(以下简称《规划纲要》)，旨在通过教育实现科教兴国和人才强国的国家战略。《规划纲要》强调：提高义务教育入学率，提高义务教育质量；坚持德育优先，立德树人；增强学生体质；努力缩小城乡差距，推进义务教育均衡发展；全面减轻学生课业负担。这一时期的教育从强调素质教育转向培育学生的核心素养。

2014 年，《教育部关于全面深化课程改革落实立德树人根本任务的意见》中指出，高校和中小学课程改革从总体上看，整体规划、协同推进不够，与立德树人的要求还存在一定差距，必须引起高度重视，全面深化课程改革，切实加以解决①。这拉开了全面深化课程改革的序幕。2019 年，《中共中央 国务院关于深化教育教学改革全面提高义务教育质量的意见》中提出“坚持五育并举，全面发展素质教育”，并就加强课程教材改革提出具体意见，即国家建立义务教育课程方案、课程标准修订和实施监测机制，完善教材管理办法；省级教育部门制定地方课程和校本课程开发与实施指南，并建立审议评估和质量监测制度；县级教育部门要加强校本课程监管，构建学校间共建共享机制；学校要提高校本课程质量，校本课程原则上不编写教材②。这是新时代我国深化教育教学改革、全面提高义务教育质量的纲领性文件，也是进一步推进课程改革的指导性文件。

第三节 内容演变

我国基础教育课程改革，无论是在课程理念上还是在实践中都取得了不可忽视的成效。改革过程中，众多与课程相关的政策文件为我们提供了分析课程改革发展演变情况的可靠依据。梳理这些政策关注的内容，可以发现，我国基础教育课程在课程目标、课程内容、课程形式、课程实施和课程评价等方面都有了进一步的发展和转变。

---

① 中华人民共和国教育部.教育部关于全面深化课程改革落实立德树人根本任务的意见[EB/OL].(2014-04-08)[2020-07-15].http://www.moe.gov.cn/srcsite/A26/jcj_kcjcgh/201404/t20140408_167226.html.

② 中共中央 国务院.中共中央 国务院关于深化教育教学改革全面提高义务教育质量的意见[EB/OL].(2019-06-23)[2020-07-15].http://www.moe.gov.cn/jyb_xxgk/moe_1777/moe_1778/201907/t20190708_389416.html.

一、课程目标:从追求升学到发展素质

在我国基础教育课程改革推进的过程中,无论是课程政策还是课程方案的修订完善,都体现出相应的课程理念与目标的变化。20 世纪 90 年代前,我国的基础教育仍以追求升学率为主要目的。20 世纪 90 年代后,我国逐渐明确了发展素质教育的理念。1999 年,我国明确提出要全面推进素质教育。2000 年以后,政策文本中对素质教育的强调已经非常明显。《国家中长期教育改革和发展规划纲要(2010—2020 年)》中指出,坚持以人为本、全面实施素质教育是教育改革发展的战略主题,是贯彻党的教育方针的时代要求,其核心是解决好培养什么人、怎样培养人的重大问题,重点是面向全体学生、促进学生全面发展,着力提高学生服务国家、服务人民的社会责任感、勇于探索的创新精神和善于解决问题的实践能力。《教育部关于深化基础教育课程改革进一步推进素质教育的意见》中强调,以"三个面向"为指导,构建体现先进教育思想理念的、开放兼容的基础教育课程体系,全面提升学生的科学、人文素养。

2014 年,《教育部关于全面深化课程改革落实立德树人根本任务的意见》中指出,学生的社会责任感、创新精神和实践能力较为薄弱,因此,需要把研究制定学生发展核心素养体系和学业质量标准作为改革的关键领域和主要环节,主张要根据学生的成长规律和社会对人才的需求,把学生德、智、体、美、劳全面发展的总体要求和社会主义核心价值观的有关内容具体化、细化,深入回答"培养什么人、怎样培养人"的问题。以此为指导,2017 年,教育部印发《普通高中课程方案和语文等学科课程标准(2017 年版)》,强调培育学生核心素养,落实立德树人根本任务。2017 年,《关于深化教育体制机制改革的意见》中进一步提出要全面深化教育综合改革,全面推行素质教育,全面落实立德树人根本任务。

二、课程内容:从注重智育到五育并举

以往,基础教育较为注重基础知识和基本技能的传授,对其他方面的教育关注不够。为了扭转这种局面,更好地落实素质教育,需要全面深化课程改革,构建促进学生德、智、体、美、劳全面发展的课程体系。

《中共中央 国务院关于深化教育改革全面推进素质教育的决定》明确提出在学校教育各环节中贯穿四育,强调实施素质教育时,必须把德育、智育、体育、美育等有机地统一

在教育活动的各个环节中。学校教育不仅要抓好智育,更要重视德育,还要加强体育、美育、劳动技术教育和社会实践,使诸育相互渗透、协调发展,促进学生的全面发展和健康成长。此后,我国在实践育人方面虽然取得了一些成绩,但劳动教育在不同程度上被忽视。针对这种局面,2018 年,我国提出要努力构建德、智、体、美、劳全面培养的教育体系,形成更高水平的人才培养体系。2019 年,《中共中央 国务院关于深化教育教学改革全面提高义务教育质量的意见》中进一步强调,坚持五育并举,全面发展素质教育。构建德、智、体、美、劳全面培养的教育体系,既是对素质教育定义的创新,也是对德、智、体、美、劳辩证关系的重新界定,对于学生综合、全面发展起到关键作用。

三、课程形式:从单一学科发展到跨界融合

随着近代自然科学的发展,出现了相对独立设置的各门课程,这是课程近代化的一个标志。分科课程为教育的发展作出了卓越的贡献,但学科的分门别类造成了过于独立的科学知识呈现方式。这种呈现方式忽视了不同学科之间的横向联系和同一学科内部的交叉渗透,教师的教与学生的学都受到分科教学模式的限制。20 世纪后半叶,知识的迅速膨胀以及更新速度的加快,使得分科课程愈加显现出弊端和局限,这时学者纷纷开始关注综合课程。综合课程的思想无论是在我国还是在西方国家都由来已久,古代或者早期的课程都以整体和综合为主要特征,只不过其综合程度较低。

近代以后,科学技术的发展为学科分化提供了有利条件。20 世纪 80 年代,国际竞争激烈,国内人才短缺,为加快专业型人才供给,我国普遍采用课程分科的方式。此阶段强调以分科课程为主的内容选择,重视课程内容的实用性、系统性和连贯性,在中小学设置了诸多分科课程,如《全日制十年制中小学教学计划试行草案》规定小学设置 8 门课程,中学设置 14 门课程,尤为强调语文、数学作为基础工具课的地位和作用。20 世纪 90 年代后期,为满足社会发展对综合型人才的需求,这一时期的课程以学科课程和活动课程为主,增加了选修课程、综合课程、地方性职业技术类课程以及音、体、美课程的比重,逐渐把综合实践活动纳入必修课行列,并下放课程管理权力。2000 年以后,在课程改革和素质教育双因素共同推动下,课程内容更具灵活性和选择性,综合课程、选修课程、活动课程等有机整合,如《基础教育课程改革纲要(试行)》强调小学以综合课程为主,初中设置分科与综合相结合的课程,高中以分科课程为主,从小学至高中设置综合实践活动课程,并将其作为必修课。2017 年,《中小学综合实践活动课程指导纲要》指出,综合实

践活动课程是国家义务教育和普通高中课程方案规定的必修课程，是基础教育课程体系的重要组成部分，与学科课程并列设置，各地要充分认识综合实践活动课程的重要意义。该政策的提出，使得打破学科界限的综合课程成为基础教育课程改革的重要内容，并在相关研究的推动下，得到进一步发展。

四、课程实施：从自上而下到上下贯通

自 1949 年以来，我国先后进行了八次基础教育课程改革，以期提高基础教育的质量。第八次基础教育课程改革被称为“新课改”，其步伐之大、速度之快、难度之大是前七次改革所不可比拟的。“新课改”走过 20 年，我国中小学课程从学科本位、知识本位转向关注每个学生的发展，在课程功能、结构、内容、评价等方面都有了重大创新和突破。“新课改”在取得成绩的同时，也给课程设计与实施带来了诸多挑战。原因在于，以往，我国课程设计权集中在少部分权威专家手中，课程管理权集中在教育行政部门及学校行政领导手中，教师是课程改革成果的被动接受与实施者，这不利于中小学教师理解、实施课程。

课程改革进程中，党和国家日益关注到教师作为课程主要参与者、实施者甚至领导者的重要作用，着力提升教师的课程素养。2010 年，《教育部关于深化基础教育课程改革进一步推进素质教育的意见》中指出，充分发挥广大教师在深化课程改革中的主力军作用，把促进教师专业发展作为重要目标和任务。2018 年，《中共中央 国务院关于全面深化新时代教师队伍建设改革的意见》中指出：着力提升教师思想政治素质，全面加强师德师风建设；大力振兴教师教育，不断提升教师专业素质能力；深化教师管理综合改革，切实理顺体制机制等。对教师地位的重视和对师资培养方式的改革，都有利于教师参与并领导课程的实施，近年来，对教师课程实施能力的关注与培养，加大了教师在课程设计与实施中的参与力度，推动了课程实施的上下贯通。

五、课程评价：从单一评价到综合素养评价

在基础教育课程改革不断推进的过程中，课程理念、内容都朝着更加民主多元的方向发展，与此相协调，课程评价也在不断改进完善，主要体现在我国招生考试制度的完善上。

多年来，我国一直在努力改进评价制度，探索综合素养评价策略。2006 年，教育部

对全国的初中毕业与高中招生制度进行改革，实行综合素质测评，主要分为七个维度（不同地区或学校略有差异），分别是“道德品质”“公民素养”“学习能力”“交流合作与实践创新”“运动与健康”“审美”“表现能力”，全面反映学生的成长与发展，充分展现素质教育的实质。

随着课程改革的不断深入，招生与考试评价制度也在不断改革。2013 年，《中共中央关于全面深化改革若干重大问题的决定》中指出，推进考试招生制度改革，探索招生和考试相对分离、学生考试多次选择、学校依法自主招生、专业机构组织实施、政府宏观管理、社会参与监督的运行机制，从根本上解决一考定终身的弊端。2014 年，《国务院关于深化考试招生制度改革的实施意见》中指出，2014 年启动考试招生制度改革试点，2017 年全面推进，到 2020 年基本建立中国特色现代教育考试招生制度，形成分类考试、综合评价、多元录取的考试招生模式，健全促进公平、科学选才、监督有力的体制机制，构建衔接沟通各级各类教育、认可多种学习成果的终身学习“立交桥”。[①] 2014 年，《教育部关于加强和改进普通高中学生综合素质评价的意见》专门就综合素质评价提出了要求。这些政策规定着眼于义务教育持续健康发展，使我国的招生入学改革不断深化，使课程评价从单一评价转向综合素养评价。

第四节　政策启示

通过对 1949 年以来基础教育课程政策文本的比较与分析，笔者系统回顾了基础教育课程政策的发展历程。基础教育课程政策是在曲折中不断发展的，目前已进入不断深化改革的阶段，但仍然存在许多值得进一步探讨的议题。

一、完善基于核心素养的课程体系建设

我国目前已进入全面推进素质教育阶段，学生核心素养的培育是这个阶段的关键任务。核心素养是我国基础教育课程发展的重要理论支撑。落实核心素养的一种重要方式就是建立基于核心素养的课程体系，这个课程体系应至少包含四个部分，即具体化的教学目标、内容标准、教学建议、质量标准。具体化的教学目标是指能够体现学生发展核

---

① 中华人民共和国国务院.国务院关于深化考试招生制度改革的实施意见[EB/OL].(2014－09－03)[2020－07－15].http://www.moe.gov.cn/jyb_xxgk/moe_1777/moe_1778/201409/t20140904_174543.html.

心素养的教学目标。如可以结合各学科的特点和内容，拟定学科核心素养以及希望达成的目标。根据教学目标制定相应的内容标准，提出有针对性的教学建议，这是促进学生形成核心素养的保证。然后，研制出能检测学生核心素养发展程度的质量标准，作为学生全面发展的评价依据。在此基础上，逐渐完善基于核心素养的课程体系建设。

二、培养具有跨学科课程开发能力的教师

教师是影响课程改革的关键因素，教师的素质和课程理念直接关系着课程改革在教学实践中的落实情况。跨学科课程的发展，对教师的专业素养提出了更高的要求，尤其需要教师具有较强的课程开发能力。目前，在职教师所接受过的职前职后教育几乎都是基于学科课程开展的，因此，开展跨学科的教师培训尤为重要。对于跨学科课程的开发，教师首先要了解跨学科课程的特点、模式以及它与传统学科课程相比的优势。其次，在教学实践方面，教师应该具备基于主题或主题学习的跨学科课程开发能力。在这个过程中，教师之间需要建立对话、协作、信任的关系，合作共赢。从学科领域看，不同学科教师之间的合作更有利于跨学科课程的开发，在实践中也多采用这种合作形式。放眼全球，美国、加拿大等国家在开设跨学科课程方面具有较丰富的经验。在我国，夏雪梅博士团队开展了基于项目化学习的相关研究，为国内外教师提供了学习、合作和交流的平台。除了加强在职教师教育，职前教师教育也应得到相应的重视，需要对教师教育的课程设置进行相应的调整。

三、吸纳社会力量参与课程管理

当前，一部分人对于课程改革持观望的态度，他们认为课程改革是政府的义务，政府下达任务和指令，课程专家、教育专家以及中小学教师参与实施就可以了，这显然是不够的。课程改革是一个复杂的工程，它不仅仅是政府的责任。真正的课程改革应该听取师生、家长、社会、企业等方面的意见，既能够使学校的教育发挥作用，又能够充分借助家长的力量，也能够使学生接受的知识满足社会发展的需求。学校、家庭、社会等多方面共同努力进行课程改革，才能使课程满足学生多方面的发展需求。吸纳社会力量参与课程管理，既有理论指导，又有实践支撑；既适应当代，又面向未来。因此，基础教育课程改革需要引导社会各界积极参与。

第三章

课程调查

为了更加全面地呈现我国校本课程开发的实践情况，笔者以江、浙、沪、皖、赣等地区的公办小学为调查对象，采用问卷抽样的方式进行调查。调查分为三个层次：一是在全国范围内进行抽样调查，回收有效问卷 4935 份，主要分析了全国的校本课程开发情况；二是对安徽省进行抽样调查，回收有效问卷 572 份，分析了安徽省的校本课程开发情况；三是在上海市范围内进行抽样调查，回收有效问卷 1632 份，分析了上海市的校本课程开发情况。三个层次，共回收有效问卷 7139 份。笔者采用 SPSS 26.0 对数据进行分析，层层深入，全面总结了我国小学校本课程开发的情况。

第一节　全国现状抽样调查

随着教育教学改革不断推进，校本课程开发的相关理论和实践逐步增多。但是，新时代背景下校本课程的开发和实施应该走向何处，值得进一步深入研究。本项研究的主要目的是通过抽样调查，了解近年来各地小学校本课程开发与实施的基本情况，明晰新时代背景下小学校本课程开发面临的机遇和挑战，从而进一步丰富校本课程的内涵，全面提升小学校本课程的质量。

一、调查设计

（一）调查背景与目的

2001 年，《基础教育课程改革纲要（试行）》的颁布标志着我国三级课程管理体制正式确立。随着实践的深入，校本课程的开发和实施越来越受到认同和关注。但是，新时代背景下校本课程的开发和实施应该走向何处，仍需要结合现状调查进一步深入研究。

2019 年，全国教育科学规划教育部青年课题“改革开放以来我国小学校本课程开发的深化研究”课题组开始了专题调查，以期了解近年来各地小学校本课程开发与实施的基本情况，在实践中分析问题、解决问题，为当地教育管理部门、学校管理者和普通教师提供一些建议，进一步丰富校本课程的内涵，全面提升小学校本课程的质量，让更多的学生成为课程改革的受益者，切实推进小学校本课程开发的改革与发展。

（二）调查方法

此次课题组调查研究共有 24 个省、自治区、直辖市参与。课题组随机选取学校和教师进行问卷调查，共计回收有效问卷 4935 份。其中，上海为项目组所在地，有效问卷的回收率也相对较高。全国问卷抽样基本情况见表 3－1。

表 3-1 全国问卷抽样基本情况(单位:份)

省、自治区、直辖市	上海市	安徽省	江西省	北京市	江苏省	浙江省	山东省	云南省
有效问卷份数	3332	579	476	112	107	97	75	40
省、自治区、直辖市	河南省	山西省	福建省	甘肃省	四川省	湖南省	广东省	河北省
有效问卷份数	26	21	10	9	9	8	7	6
省、自治区、直辖市	广西壮族自治区	湖北省	内蒙古自治区	陕西省	黑龙江省	重庆市	吉林省	贵州省
有效问卷份数	6	4	3	3	2	1	1	1

为了更准确地开展研究分析，课题组结合问卷调查结果进行了二次随机抽样分析。课题组分别在上海、安徽、江西、北京、江苏、浙江、山东及其他省、自治区、直辖市随机选取 50 份(共计 400 份)问卷进行相关分析。二次随机抽样基本情况见表 3-2。

表 3-2 二次随机抽样基本情况(单位:份)

省、自治区、直辖市	上海市	安徽省	江西省	北京市
有效问卷份数	50	50	50	50
省、自治区、直辖市	江苏省	浙江省	山东省	其他省、自治区、直辖市
有效问卷份数	50	50	50	50

二、调查数据分析

通过分析相关调查结果和访谈相关人员，课题组发现，目前的校本课程开发与实施呈现如下特点：

(一) 校本课程开发成为学校课程的自觉表达

调查结果显示，随着课改理念的深入人心，三级课程管理体系基本构建完成，各地在课程管理体系上的差异并不明显，校本课程开设基本已经成为学校课程建设的常态工作。绝大部分学校都开设有 10 门左右的校本课程，甚至开设 30 门以上校本课程的学校在各地也占有一定的比例。

从课程开发的类型看，校本课程的类型较为丰富，涉及学科拓展类、社会实践活动类、心理健康类、体育技能类、科技发明探索类、艺术类等。其中，占比第一的是学科拓展类(49.0%)；占比第二和第三的分别为社会实践活动类(16.8%)和艺术类(14.3%)。结合问卷调查对象的学科背景，占比较高的学科为语文、数学、英语。不难发现，教师开发的校本课程的类型受到个人学科背景和当下教育政策的影响。

问卷调查结果显示，心理健康类、体育技能类、科技发明探索类的课程数量极少，这是目前校本课程设置中普遍存在的短板问题。主要原因是这些课程对教师的专业化程度要求较高，容易受师资力量限制。但在与学校交流中，校方不仅会推荐木刻版画、韵琴、衍纸等艺术类精品校本课程，还会较多提及武术、旱地冰球、花样跳绳等体育类精品校本课程，有时也会提及种植、风筝制作等其他类别的课程。此外，上海学校社会实践活动类课程的占比要远低于其他省、自治区、直辖市，心理健康类、科技发明探索类课程的占比相对要高一些。

不管校本课程的类型在不同地区呈现出何种特点，结合学校实际情况，让校本课程成为学校特色发展的原动力，以校本课程开发助推学校特色发展已经成为共识。

（二）校本课程开发的相关理念得到教师的广泛认可

校本课程开发是国家课程开发的必要补充，更是对教师专业发展的一次赋权。因此，学校教师是影响校本课程开发的重要因素之一。

问卷调查结果显示，目前校本课程开发的主力是骨干教师和青年教师。而参与调查的教师学科背景占比排在前三名的分别是语文、数学、英语，这与学校实际开设的校本课程中多数为学科拓展类课程的结论相契合。当然，师资队伍的构架情况也在一定程度上影响着校本课程开发的广度和深度。

广大教师对校本课程开发的认识比较统一。教师对校本课程的开发和实施有着高度的认同感。共计有 87.5％的教师认为校本课程开设“非常有意义”“比较有意义”，仅有12.5％的教师认为“一般”“比较没有意义”。在校本课程开发动机的调查中，66.2％的教师选择了“有益教学改进”，19.8％的教师选择了“个人兴趣所在”，“出于职称考虑”“领导施压”等的选择比例总和仅 14.0％。可见，教师在校本课程开设上存在着一定的内驱力，同时也有可能是兴趣使然，这一点尤为值得肯定。在回答“校本课程开发给教师带来的变化有哪些”这道多选题时，选择“除了加重负担，没什么好处”这个选项的比例不到5.0％，占比排在前三名的选项分别是“可以改进自己的教学(72.5％)”“使自己的课程建设能力得到提高(62.8％)”“可以有更多机会参与课程决策(33.8％)”。三者占比虽然有较大差距，但我们依然可喜地发现教师对课程自主权的重视。

（三）校本课程管理呈现良好、有序的发展态势

校本课程开发是一个民主开放的课程决策过程。因此，通过完善学校课程管理的顶层设计、加强制度建设来优化校本课程管理成为共识。通过调查发现，目前大部分学校都把校本课程纳入整体课程设置和教学计划，也有配套的校本课程管理制度。相关数据统计结果见表3－3。问卷调查结果中还有一组数据令人惊喜：45.5％的教师反馈校本课程已经“融入学校整体课程构架”，39.5％的教师反馈虽然校本课程比较零散、尚未形成体系，但已经在开发；仅有15.0％的教师反馈没有自主开发校本课程。整体而言，目前各校正在努力地充实、内化、优化课程结构。

表3－3 第17至23题的答题情况

题目	选项	比例(％)
17.学校是否设立了专门管理校本课程的机构或人员？	是	63.8
	否	36.2
18.学校是否有组织管理校本课程的相关制度？	是	69.0
	否	31.0
19.学校是否把校本课程纳入整体课程设置？	是	77.0
	否	23.0
20.学校是否把校本课程纳入教学计划？	是	78.5
	否	21.5
21.学校是否有实施校本课程的固定时间？	是	77.2
	否	22.8
22.学校是否有实施校本课程的固定场地？	是	75.2
	否	24.8
23.学校是否有实施校本课程的授课教师？	是	77.2
	否	22.8

（四）校本课程开发受学校、家长、社会等因素的影响

通过访谈、座谈和经验交流等，我们发现，目前大部分学校的校本课程开发与实施过程包括确定选题、实施、反馈等环节。确定选题时，一般先由学校发布课程开发相关要求，随后教师依据要求开展自主申报。许多学校组成了课程开发小组，一般由校长或者分管教学的副校长担任组长。部分学校还会邀请专家与校内学术团队共同担任课程顾问。

问卷调查结果显示，校本课程开发过程中，学校确定选题时主要考虑两方面因素：一是“结合学校办学实际，凸显学校办学特色”，二是“依据学生兴趣选材，关注学生成长需求”，两者的占比都为42.5％。随着校本课程建设的推进，很多学校注重凸显学校原有特色，如原有的特色课程局限于社团，逐步发展为全员覆盖。但从课程开发的可行性来看，更多学校会兼顾教师的兴趣。校本课程开发也会及时响应相关政策，如上海中考改革体育选考科目新增武术后，有学校把武术作为校本课程。

对于“学校的场馆、实验室、学科教室等学生活动区域对校本课程开发和实施发挥了重要作用”这一观点，选择“比较同意”“非常同意”两项的比例总和为84.0％，选择“非常不同意”“比较不同意”两项的比例总和仅为16.0％。这一方面反映出校本课程建设确实需要一定的校园环境支持；另一方面也反映出教师的课程理念在实践中会有所转变，教师在开发校本课程过程中显然更关注实践操作。

校本课程的授课形式主要有两种：(1)由申报课程的教师独立授课，该类课程多与教师自身的学科背景或个人素养有一定关联，以学科拓展类为主；(2)合作授课，主要表现为学校购买社会服务或整合校外资源（社区、家长、大学等），校内教师与外聘教师合作授课，以艺术类、体育技能类中对专项要求比较高的课程为主。教学方式上，各校多采用走班制，即提供一定量的校本课程，在同一时段供一定年级的学生自主选择。

此外，值得肯定的是，学校在校本课程开发过程中都非常重视宣传。无论是在新课程的选题甄选时，还是在成熟课程的推广完善时，不少学校都会利用自媒体等方式宣传校本课程，以期让学生和家长了解相关课程。个别学校甚至会邀请家长一起参与校本课程开发。

三、调查结论

目前大部分学校的校本课程开发富有时代性，能关注学生经验，紧随政策热点；富有民主性，能关注学生的个体差异和发展倾向；富有整合性，能充分挖掘人、财、物、地、时等课程资源。但与此同时，校本课程开发还存在如下问题。

（一）校本课程开发的主体意识有待增强

校本课程开发是一个多方资源整合、协同的过程。校本课程中丰富的教育教学资源，有助于师生拓展、延伸知识内容，同时也能够打破“基于教材的教和学”，使教师形成全新的教学理念，使学生形成全新的学习理念。因此，校本课程从“新课改”三级课程体系确立伊始，就特别强调课程建设的主体性。

但无论是从教育教学管理的实际情况来看，还是从此次问卷调查结果来看，学科本位的观念都不乏市场，一线教师依然在一定程度上受到学科知识至上的传统观念影响。相关数据对比见表 3－4。

表 3－4 开发的校本课程类型和感兴趣的课程类型对比

课程类型 \ 比例(%) \ 题目	9. 您所在学校开设的校本课程中，哪一类数量最多？（多选题）	11. 您对哪些学科或门类的知识感兴趣？（多选题）
学科拓展类	49.0	53.8
社会实践活动类	16.8	46.0
心理健康类	1.5	32.3
体育技能类	6.5	11.8
科技发明探索类	2.8	19.3
艺术类	14.3	31.8
生活技能类	1.5	26.3
其他	7.8	2.5

关于校本课程类型的调查数据表明，无论是上海市还是其他省、自治区、直辖市，稳居第一位的都是学科拓展类。教师更热衷于开设学科拓展类课程，一是因为该类课程开发难度小、易操作，二是因为教师希望通过该类课程助推学生的学科学习。虽然教师对学科知识的兴趣较为广泛，但落实到实际教育教学中还是会偏重学科拓展类课程。从教师对问题 16 的回答中，我们可以进一步印证该结论：教师认为通过校本课程开发能“获得更高认同感”的占比仅为 14.3%。这一数据再次提醒我们，开发校本课程、教授校本课程依然无法让教师有较高的教学成就感。

另外，校本课程运行过程中会受到行政因素的影响。从教师对问题 24 的回答情况来看，校本课程的审核方式上，“行政审核”占比 46.8%，“校内学术团队审核”占比 26.8%，校外专家和第三方专业机构审核也有一定的比例，但都不足 10.0%。当被问及“37.各方对校本课程开发的影响度如何”时，回答中排在前两位的是“教师”“学生”，紧随其后的是“教育行政部门”。由此可见，显性可见的课程管理模式和隐性的教育评价政策都在一定程度上影响着校本课程的发展。

（二）课程品质的建设空间亟须提升

以课堂教学为主渠道，以学科学习为主范域，以知识拓展为主追求①，是目前不少学校校本课程开发的普遍现象。校本课程开发普遍存在以下问题：一是数量较多，但缺乏系统的顶层设计与有效规划，多为孤立开设或机械叠加，课程架构有待完善；二是类别较为单一，前文已经提及学科拓展类课程占比过高，科技发明探索类、生活技能类课程占比较低；三是实施方式单一，校本课程实际教学过程中过于依赖校园，过于依赖课堂，即使是社会实践活动类等需要走出去的课程，也多与春游、秋游等活动结合，课程内容的延续性并不充分。

教师的校本课程开发能力不强影响了校本课程品质的提升。对于问题“13.您认为自己的专业水平能否胜任校本课程开发的任务”，43.8％的教师认为“一般”。对于问题“14.您倾向于采用哪种方式开发校本课程”，88.5％的教师希望“合作开发”。对于问题“33.您认为教师是否需要参加校本课程方面的培训”，52.8％的教师认为“非常需要”，34.2％的教师认为“比较需要”，只有很少的教师认为“比较不需要”或“非常不需要”。以上数据充分表明，即使校本课程开发实践已开展了若干年，师资力量依然不能满足开发的需求。甚至随着校本课程研发的深入，即使学校已经开展相关的培训，依然无法弥补教师的能力短板。加之，现在很多教师工作负担较重，即使具备一定技能，在有限的精力下，也很难开发出高品质的课程。63.5％的教师希望有“充裕的时间”来开发校本课程。

以笔者所在的上海某区为例，三年一次的区校本课程评比，每轮真正参选的学校和课程数量并没有显著变化，不少学校的校本课程开发还处于较低的水平，而且一门优秀的校本课程还非常容易出现“人走课消”的情况，课程的持续性并不强。相较国家课程的统一性要求，校本课程开发的根本目的是满足学生个性化学习和发展的需要，但很多学校过分依赖购买服务、满足于简单的手工劳动制作、争相开设热门相似课程，已然背离了设置校本课程的初衷……

（三）课程开发的成效有待验证

校本课程开发不仅仅是为了生成相关课程。课程质量如何？课程价值如何？课程有效性如何？这些关系课程开发成效的问题有待进一步考量。但恰恰也是因为校本课程自主性高，在课程落实上缺乏相应支持。

---

① 杨四耕.迈向3.0的学校课程变革[J].上海教育，2016(34).

一是评价形式多样化不足。从问卷调查结果来看,校本课程评价方式以过程性评价为主,"过程性记录或评价"占比 48.0%,"活动展示"占比 42.5%。这主要是因为小学阶段的评价一般采用非考试形式,强调学习过程。但在座谈和访谈中,我们不难发现:校本课程的学生评价制度尚有很大的改进和完善空间,评价手段依然有很大的提升空间。比如,学校需要思考以下问题:过程性记录如何实现?记录指标有哪些?记录人有哪些?记录评价等级如何确立?

二是评价主体全面性不够。全面评价有助于诊断问题、寻找差距,从而不断完善、改进,形成校本课程运行的良性循环。校本课程评价时更应该关注课程的开发主体(教师)和课程的学习主体(学生)。从教师反馈的情况来看,"是否选出了合适的课程""课程是否受学生欢迎""课程有无持续开展的意义"等问题并没有引起学校足够的重视,很少有学校关注课程评价和课程成效等问题。校本课程是教师自主、自愿开发的课程,教师有权利参与课程评价,通过自我评价和自我反思来改进课程设计。

三是评价制度激励性不强。有些管理制度较为完善的学校把校本课程开发与实施情况作为评判教师绩效的一个指标,但更多的学校认为校本课程开发是锦上添花,通常更为重视基础型课程的教学管理,认识上的偏差导致了校本课程开发资源的极大浪费。从调查的实际情况来看,我们发现承担校本课程开发任务的教师或者是入职 5 年以内的教师,或者是即将退休的教师,之所以只有这些教师愿意上这类课,是因为压力小,没有教育实绩的考评。

四、调查建议

2019 年,《中共中央 国务院关于深化教育教学改革全面提高义务教育质量的意见》中指出,要树立科学的教育质量观,坚持"五育"并举,全面发展素质教育。由于内容具有广泛性,校本课程本身是践行"五育"并举理念很好的载体。基于以上分析,课题组提出以下对策建议。

(一)进一步推动课程理念与顶层设计的落地

中国学生发展核心素养构建了涵盖三个方面、六大素养、十八个基本点的核心素养体系,强调培养全面而有个性的人。自"二期课改"以来,我国采用三级课程管理制度,赋予学校较高的课程革新权力。从课程性质来看,校本课程多属于拓展型课程,更强调落实学校的育人目标、发展学生的不同基础。因此,在区域层面,要加强课程领导力建设。

具体而言，我们建议相关区域要“内生外借”。

一要内部生力，进一步完善组织构架。可以成立区域课程管理指导中心等专业部门或机构，全面思考、统筹区域课程的顶层设计，促使教师从关注教学转向关注课程，进而架构起多元化的课程体系。学校则要积极推进课程群建设，按照一定的逻辑，理顺课程的纵向和横向关系，让关联与整合成为课程实施的常态，以各学科的独立性为前提对课程内容进行多维、多向的组织[①]。

二要外部借力，积极响应相关政策。例如，上海市课程领导力项目已经完成了两轮实践，目前正在推进第三轮实践，相关区域可以借助市级项目的东风，以点带面，带动整个区域的校本课程开发。学校如何借助第三轮项目校的探索，或同行，或随行，逐步开展课程领导力方面的行动研究，进而推进课程改革，“有效减小理想课程与经验课程之间的落差”，同样值得研究。

（二）进一步加强过程管理和资源整合

在调查中，不少学校提出课程资源不足、校本课程很难形成体系。事实上，校本课程开发对人、财、物的要求相对更高些。问卷调查结果显示，开发校本课程时，学校最需要“经费支持”，其次是“课程资源支持”。因此，我们建议采用“内建外促”的方式来助推课程建设。

“内建”是指把校本课程开发放在学生发展指导的框架中来思考建构，同时以校本课程的有效实施促进育人品质的提升。在调查中不少教师认为，场馆、实验室、学科教室等专用场所在校本课程实施中发挥了重要作用，在实际教学中不少学校也非常擅长因地制宜。比如，有些农村学校开设了农耕课程，活动区域选在校园内一角，邀请相关家长来校授课，同时融合了基础型课程中的自然学科，这样的课程具有一举多得的效果。

“外促”是指充分利用区域优势和特点，把握地域特色资源，实现“引外补内”。家庭、社区、社会是校本课程最为丰富的“资源仓储地”，教师要学会有效整合资源。此外，学校可以积极借助高校或相关研究机构的力量，通过联合开发的形式，缓解教师因自身课程开发能力不强产生的焦虑情绪，提升教师课程开发的技能。如上海市松江区通过“大学—政府—学校”项目研究的形式，整合区域内的大学城资源，引导许多学校形成了富有鲜明特色的校本课程。针对场地不足等问题，该调查区域内的一所小学开设斯诺克课程

① 娄华英，等.跨界学习：学校课程变革的新取向[M].上海：华东师范大学出版社，2018.

时，利用了辖区内高中的斯诺克专用教室，实现了资源共享。

（三）进一步关注师资队伍建设，更新教师的课程理念

调查结果显示，校本课程开发的影响因素中，排在第一位的是教师，矩阵得分为3.78。73.8%的教师认为，影响校本课程开发和实施的关键因素是“教师时间、精力不够”；63.5%的教师提出，开发校本课程需要“充裕的时间”。除了客观因素，教师的课程理念等主观因素也需要引起重视。因此，我们建议采用“内修外联”的方式来解决师资队伍建设问题。

“内修”涉及三方面内容。第一，通过优化团队结构，加强团队制度建设等举措，打造一支充满活力的教师团队。目前，不少学校的校本课程采用的是教师自主申报的形式，缺乏一支较为稳定的课程开发队伍。根据管理学的二八定律，团队规模要有所控制，必须有意识地固化一支核心力量。第二，要建立有效的教学团队内部管理及运行机制。如可以参考基础型课程，设立“教研组—备课组”的阶梯式管理制度、听评课制度等，通过切实有效的管理，解决教师孤军作战、耗时费力的问题，充分发挥团队的作用。第三，要重视课程开发方面的专题培训。目前，被调查的学校普遍存在着教师培训“重实践轻理论”的不足，要想解决教师在实践中的问题，既需要“硬核”的外部保障、完善制度建设，又需要有计划、有组织地实施专题化培训，通过理论引导、实践提炼双向互动，促使教师转变观念。

“外联”是指要建立区域共享联动机制。据了解，不少地区都有优秀校本课程评选等活动，但这些活动大多没有真正发挥以评促教的作用。如果在评比展示等环节后，进一步在区级层面对一些成熟的、重要的校本课程进行架构，组建相似课程的课程联盟，从而实现全区共享、共研，将会在一定程度上为广大不堪重负的一线教师提供脚手架。

第二节　安徽省现状抽样调查

以往，以贯彻实施国家课程、地方课程为主的模式，让很多教育工作者缺乏开发校本课程的意识和经验，他们在校本课程的实践中会遇到一些困难和问题。课题组通过调查了解了近年来安徽省小学校本课程开发与实施的基本情况，希望能够为当地教育管理部门、学校管理者和普通教师提供一些有建设性的建议。

一、调查设计

（一）调查对象与内容

安徽省是全国经济发展的战略要冲和国内几大经济板块的对接地带，也是长三角的重要组成部分。课题组向安徽省小学管理者和一线教师发放了问卷，该问卷为自编问卷，主要目的是对小学校本课程开发与实施的成果进行总结研究。课题组主要从开发实施校本课程的现状，教师对校本课程实施的认识，学校、家长、社会等对校本课程开发的影响等方面进行了调查。

（二）调查方法

课题组面向安徽省小学管理者和一线教师，通过问卷星的形式进行无记名抽样调查。调查的区域涵盖安徽省合肥市、宣城市、淮南市、铜陵市、芜湖市等，共回收有效问卷572份。安徽省参与抽样调查的教师基本情况见表3-5。根据相关统计结果，安徽省参与本次调查的教师主要来自农村地区，女教师的比例较高，学历以本科为主，主要为一线教师。

表3-5　安徽省参与抽样调查的教师基本情况

基本情况		人数（人）	比例（%）
地域	城市	236	41.26
	农村	336	58.74
性别	男	216	37.76
	女	356	62.24
教龄	0至5年	123	21.50
	6至10年	86	15.03
	11至15年	33	5.77
	16至20年	79	13.81
	21年及以上	251	43.88
学历	本科以下	225	39.34
	本科	345	60.31
	研究生	2	0.35

（续表）

基本情况		人数(人)	比例(%)
职务	校级领导	29	5.07
	学校中层领导	79	13.81
	学科组组长 (教研组组长/备课组组长)	109	19.06
	一线教师	355	62.06

注:1.处理调研数据时,研究者统一用各分项人数除以总调研人数的方法,计算各分项所占比例,并将计算结果在四舍五入后保留两位小数。因为四舍五入后的数据和实际的数据之间有些许误差,造成部分栏目各分项比例之和并非100%,如"教龄"一栏中,各分项比例之和为99.99%(即21.50%+15.03%+5.77%+13.81%+43.88%=99.99%)。这是由统计方法误差造成的。为保持全书数据的真实性和统计方法的一致性,研究者并未强行修改相关数据。书中如有类似情况,不再另外说明。2.学科组组长包括教研组组长和备课组组长。

二、调查数据分析

(一) 安徽省校本课程的开发现状分析

1. 从校本课程开发的整体情况来看,多数学校已经开发了校本课程,见图3-1。其中,50.87%的学校已开发校本课程,但比较零散,尚未形成体系;30.08%的学校已开发校本课程,且相关校本课程或自成体系,或融入学校整体课程架构。

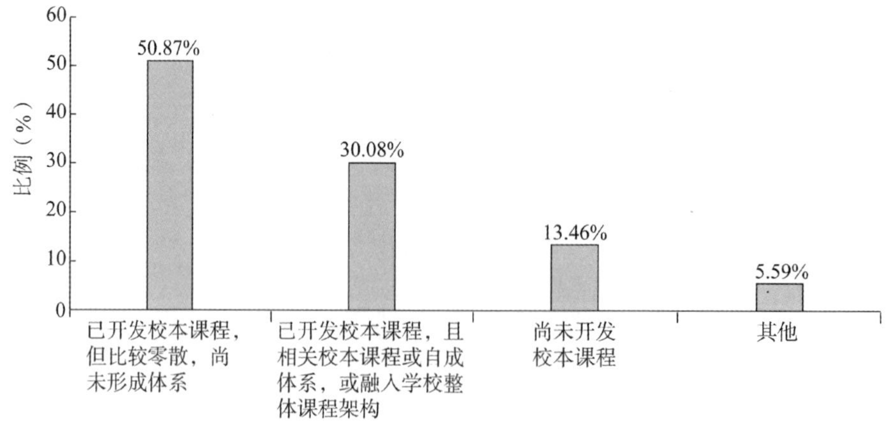

图3-1　校本课程开发的整体情况

2. 从校本课程的具体类型来看,以学科拓展类课程和社会实践活动类课程为主,见图3-2。其中,学科拓展类课程占比34.97%;社会实践活动类课程占比21.68%。

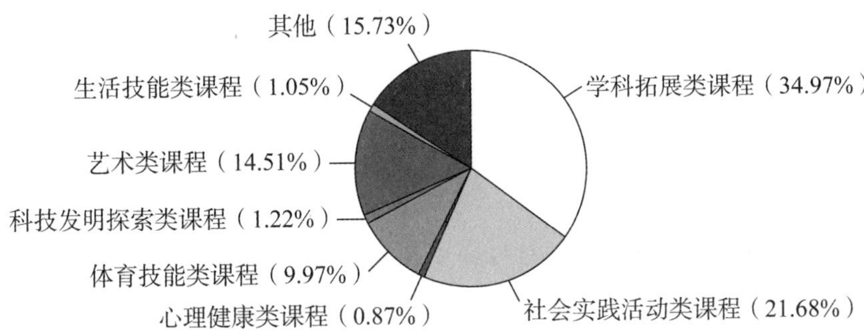

图 3－2　学校开设的校本课程类型

3. 从校本课程的开发主体来看，以相关教师（如骨干教师、青年教师）为主，占比 72.20%；相关行政领导也参与了开发，占比 13.11%，见图 3－3。从教师开发校本课程的动机来看，“改进教学”一项的选择比例为 69.23%；“个人兴趣所在”一项的选择比例为 21.68%，见图 3－4。

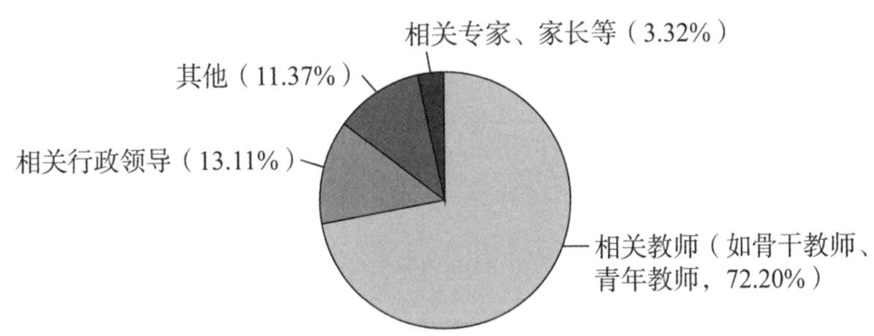

图 3－3　校本课程的开发主体

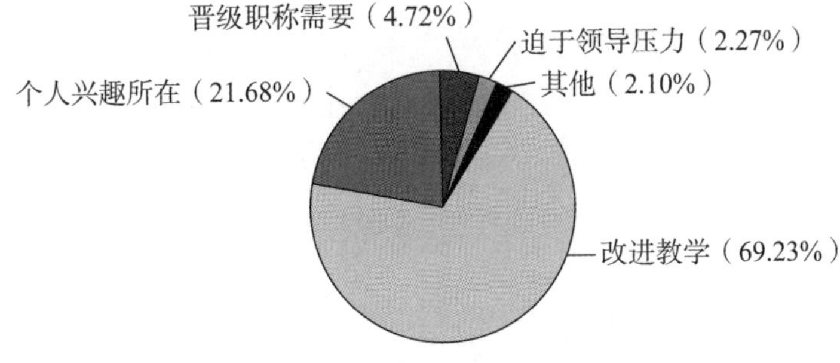

图 3－4　教师开发校本课程的动机

4. 从校本课程的审核方式来看，61.19%的学校以校内行政审核为主；14.34%的学校以校内学术团队审核为主；13.81%的学校没有对校本课程进行审核；学校较少请校外专家或第三方专业机构审核,见图 3-5。

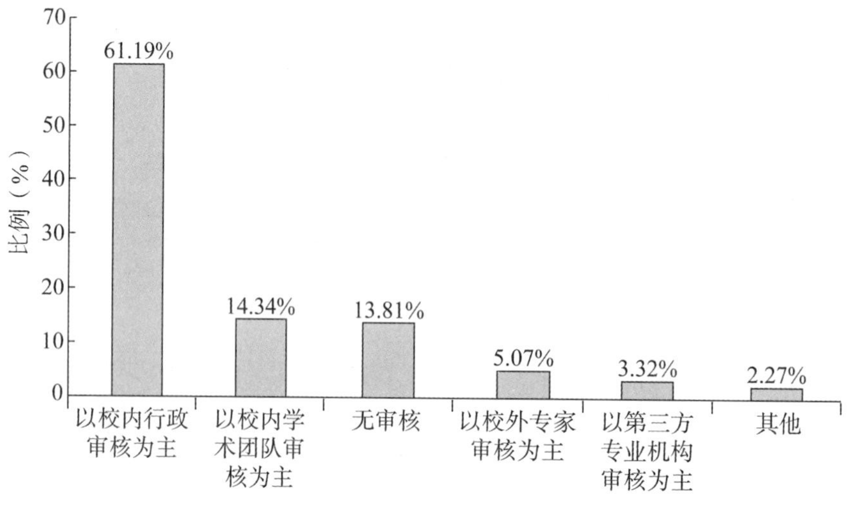

图 3-5 校本课程的审核方式

5. 从校本课程的实施情况来看,多数学校非常重视校本课程,不仅设立了相关的管理机构,形成了相应的管理制度,还把校本课程纳入学校课程框架和教学计划,配备了相应的授课教师,安排了固定的授课时间和授课场地,以确保校本课程的实施质量。调查结果表明,被调查的学校中,58.74%的学校专门设立了管理校本课程的机构,安排了相关的管理人员;60.66%的学校形成了校本课程组织管理的相关制度;70.28%的学校把校本课程纳入学校课程框架;73.78%的学校把校本课程纳入教学计划;73.43%的学校有专门的校本课程授课教师;68.53%的学校有固定的校本课程授课时间;67.83%的学校有固定的校本课程授课场地。

6. 从校本课程的评价情况来看,部分学校对校本课程的管理和评价专业性不强,学生评价制度和考核制度有待完善。调查数据显示,54.02%的学校形成了校本课程学生评价制度,52.1%的学校形成了校本课程教师考核制度。

(二)安徽省相关教师对校本课程实施的认识情况分析

1. 从教师对自身校本课程开发能力的认识情况来看,48.95%的教师认为自身开发校本课程的能力一般,有待进一步提升。调查中,课题组发现,35.14%的教师参与过校本课程的开发,他们认为,开发校本课程可以改进自己的教学,因为有更多的机会参与课程决策,自身的课程建设能力也可以得到相应提高。被调查教师对校本课程开发的认识比较统一,89.86%的教师认为应通过合作的形式来开发校本课程。

2. 从教师感兴趣的校本课程类型来看，48.78%的教师对社会实践活动类课程感兴趣，43.36%的教师对学科拓展类课程感兴趣，教师比较感兴趣的课程还包括艺术类课程、心理健康类课程、生活技能类课程、科技发明探索类课程，见图 3－6。不难发现，教师感兴趣的校本课程类型受到教师个人学科背景和当下蓬勃发展的艺术、科技、心理教育的影响。

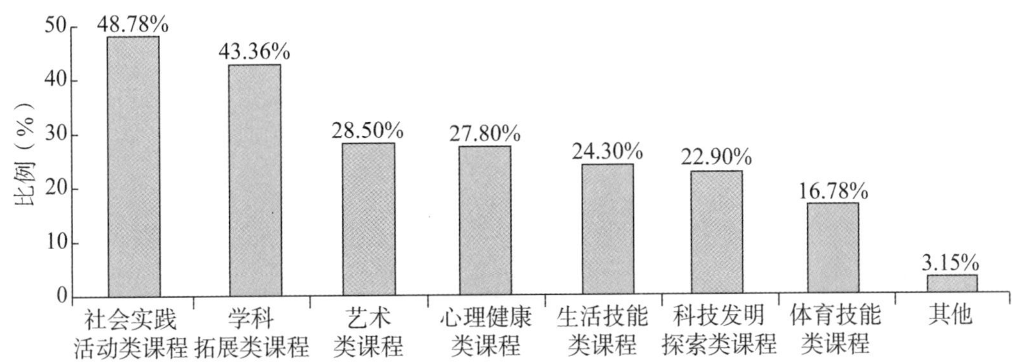

图 3－6 教师感兴趣的校本课程类型(多选题)

3. 从教师倾向的校本课程评价主体和评价方式来看，在评价主体上，40.38%的教师倾向于以教师评价为主，31.82%的教师倾向于家校共评；在评价方式上，很多教师认为应采用多样化的评价方式，其中，55.24%的教师倾向于过程性评价，36.54%的教师倾向于活动展示，见图 3－7。

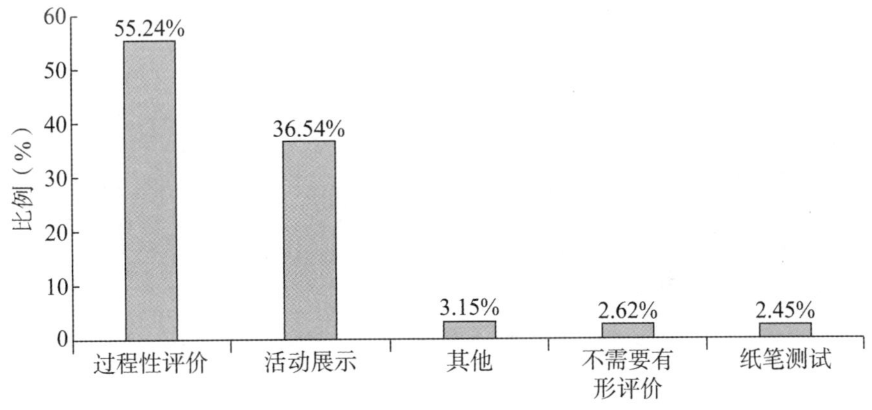

图 3－7 教师倾向的校本课程评价方式

4. 从教师对校本课程相关培训的态度来看，49.65%的教师认为非常需要，40.03%的教师认为比较需要，见图 3－8。调查中，课题组发现，57.52%的学校为教师提供了校本课程相关培训。由此可见，教师和学校都认为应通过专业培训促进校本课程的开发和实施。

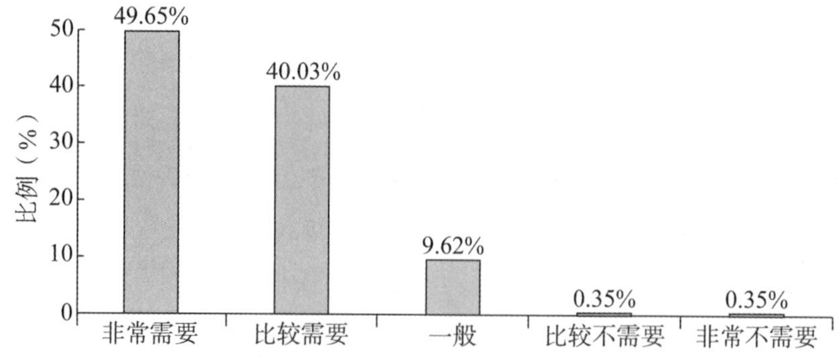

图 3－8　教师对校本课程相关培训的态度

近九成的教师认为，校本课程开发具有重要意义，这对校本课程发展来说是很好的基础。近九成的教师认为，校本课程的教学对个人教学方式转变具有积极意义，由此可见，校本课程开发能够一定程度上促进教师专业发展，帮助教师全面落实素质教育。

（三）校本课程开发的影响因素分析

44.58%的教师认为，校本课程开发应结合学校办学实际，彰显学校办学特色。43.18%的教师认为，校本课程开发应依据学生兴趣选材，关注学生成长需求。很多教师认为，学校的场馆、实验室、学科教室等学生活动区域应在校本课程开发中发挥重要作用。在影响校本课程开发和实施的关键性因素中，教师的时间和精力不够占比 61.71%，资源开发及利用不充分占比 61.54%，激励机制不完备占比 55.42%，见图 3－9。这些调查结果也从侧面印证了教师开发校本课程需要得到的支持条件，如很多教师认为开发校本课程需要经费支持，需要充裕的时间，需要一定的课程资源。

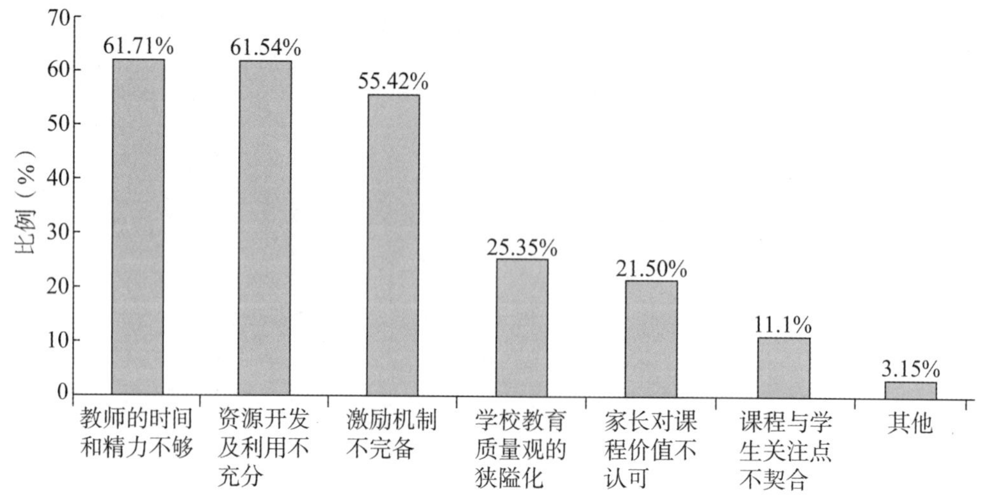

图 3－9　影响校本课程开发和实施的关键性因素（多选题）

三、调查结论与建议

（一）需要进一步完善制度，加强管理

制度的完善、管理的跟进是校本课程实施的保障。校本课程的开发与实施对于教师来说，既是机遇，也是挑战，需要教师用心、用力去完成。为了让安徽省小学教师进一步投入到校本课程相关工作中，乐于开发，勇于实施，需要在管理层面上形成一定的工作保障及奖励制度，并在实践中加以落实。

（二）注重整体规划，逐步推进校本课程的开发与实施

校本课程是学校自主开发的课程，不仅要包括满足学生个性发展需要的选修课程，从学校发展层面来看，还要形成彰显学校办学理念、办学特色的主导课程，做到主导课程与选修课程相结合、统一性与多元性相结合，丰富校本课程体系。

（三）需要专业培训，提升教师开发校本课程的水平

骨干教师是校本课程开发的核心和主导力量。目前，教师普遍意识到校本课程开发对自身专业发展有促进作用，但校本课程开发是一个有别于学科教学的领域，学校需要组建校本课程开发小组，聘请有校本课程开发经验的专家对教师进行培训和指导，引导教师结合地域特色和学校办学理念，开发出有品质的校本课程。

（四）进一步拓宽渠道，丰富校本课程类型

从安徽省的调查结果中不难发现，学校目前已经开发的校本课程以学科拓展类为主。这一现状需要突破。校本课程设置的主要目的就是引领学生走向生活，让学生在社会和自然的大课堂中学习与磨砺，通过体验性活动形成一种积极的生活态度。基于此，学校在开发校本课程过程中，需要进一步整合多方资源，开发出丰富多彩的课程，为学生拓宽学习渠道。

（五）构建科学的校本课程评价体系

校本课程是学校层面的课程，学校需要明确校本课程的评价体系和评价标准，将其作为开发与实施的研究内容之一。评价体系主要包括课程设计评价、课程开发评价、课程实施评价、课程结果评价。怎样设计更加符合安徽省各地区学校实际情况的评价体系，需要相关人员继续进行深入的探究与思考。

综上所述，为发挥校本课程对学生、教师、学校发展的促进作用，需要进一步正确认

识开发和实施校本课程的意义，培养一批有较强课程开发能力的教师，提升校本课程开发质量，完善校本课程评价机制，从而彰显学校的课程特色。

第三节　上海市现状抽样调查

本研究以上海市为调查区域，通过问卷的形式进行抽样调查，以期了解上海市小学校本课程开发的基本情况，总结经验，发现问题，分析问题，解决问题，为当地教育管理部门、学校管理者和一线教师提供一些有建设性的建议。

一、调查设计

（一）调查内容

本研究选取几所学校进行前期访谈和问卷调查，在预测的基础上，经过专家意见征询和讨论完善，自编调查问卷“小学校本课程开发与实施现状调查问卷”，对小学的校本课程开发与实施情况进行调查。调查的维度主要包括教师基本情况、课程编制、课程实施、课程评价、影响因素等。调查维度题目设计见表3-6。

表3-6　调查维度题目设计

调查维度	对应题号	调查意图
教师基本情况	第1至6题	了解教师基本情况，包括性别、教龄、学历、职务、任教学科
课程编制	第7至15题	开发主体、课程类型、教师兴趣、教师能力、开发方式、教师发展
课程实施	第16至24题	实施组织、相关制度、课程设置、课程计划、课程安排、课程审核、课程数量
课程评价	第25至29题	课程评价、课程考核、评价方式
影响因素	第30至38题	教师培训、价值认同、教学方式、资源支持、关键影响因素
开放题	第39至40题	课程开发与实施经验、课程开发建议

（二）研究对象选取与抽样

本研究聚焦上海市小学校本课程开发现状，确立的调查对象是上海市小学教师。课题组采用分层抽样调查方法：(1)在上海市范围内选取10个区(4个郊区和6个中心城区)；(2)每个区分层选取三所学校(优质学校、中等学校、普通学校各1所)；(3)每所学校随机抽样 70 位教师参加问卷调查。调查抽样情况见表 3 - 7。调查对象基本情况见表 3 - 8。

表 3 - 7　调查抽样情况(N=1632)

抽样区域	涵盖学校数(所)	回收样本量(份)	比例(%)
金山区	3	143	8.76
奉贤区	3	152	9.31
松江区	3	169	10.36
青浦区	3	158	9.68
徐汇区	3	170	10.42
杨浦区	3	177	10.85
黄浦区	3	151	9.25
浦东新区	3	178	10.91
闵行区	3	181	11.09
宝山区	3	153	9.38

表 3 - 8　调查对象基本情况(N=1632)

基本情况		人数(人)	比例(%)
性别	男	237	14.52
	女	1395	85.48
教龄	0 至 5 年	384	23.53
	6 至 10 年	297	18.20
	11 至 15 年	254	15.56
	16 至 20 年	98	6.00
	21 年以上	599	36.70
学历	本科以下	86	5.27
	本科	1396	85.54
	研究生	150	9.19
职务	校级领导	86	5.27
	学校中层领导	293	17.95
	学科组组长	518	31.74
	一线教师	735	45.04

（续表）

基本情况		人数(人)	比例(%)
任教学科	语文	714	43.75
	数学	245	15.01
	英语	236	14.46
	体育与健身	93	5.70
	美术	79	4.84
	道德与法治	60	3.68
	自然	59	3.62
	音乐	56	3.43
	信息技术	31	1.90
	综合实践活动	12	0.74
	劳动技术	10	0.61
	其他	37	2.27

上海共有 1632 名教师参与了问卷调查。从性别来看，女教师占比 85.48%，男教师占比 14.52%，这反映出目前上海学校中女教师的人数多于男教师的人数。从教龄来看，参与调查的教师中教龄在 21 年以上的人数最多，占比 36.70%；0 至 5 年教龄的教师占比 23.53%；16 至 20 年教龄的教师人数最少，占比 6.00%。从学历来看，被调查的教师中具有本科学历的占比 85.54%，本科以下及研究生学历的教师人数较少。从职务来看，一线教师的人数最多，占比 45.04%，其次是学科组组长，占比 31.74%，两者共计占比 76.78%。从任教学科来看，任教语文学科的教师人数最多，占比43.75%，其次是任教数学和英语学科的教师，分别占比 15.01%和 14.46%，三者共计占比 73.22%。

（三）调查方法与数据分析工具

本研究采用定量和定性相结合的研究方法，以教师问卷为主要研究工具，辅以个别化访谈。教师问卷调查采用分层抽样调查方法，由区教育学院或者教育局组织线上发放问卷，共发放 1700 份问卷，回收 1632 份问卷，有效问卷为 1632 份，回收率为 96.00%，有效率为 100.00%。除问卷外，还对 20 位教师进行了半结构式的访谈，访谈问题涉及问卷的主要维度和内容。

课题组利用 SPSS 26.0 对回收问卷中的相关数据进行处理与分析，使用内容分析法对回收问卷中的开放式题目和访谈结果进行分析，最终获得的定量、定性研究结果互相验证、互为补充。

二、调查结果与分析

(一) 上海市校本课程开发的基本情况分析

参与调查的1632名教师中,参与过校本课程开发的教师占比68.4%,人数相对较多,这为本次调查提供了更有价值的参考。

1. 校本课程开发的数量适中

上海市各小学开发的校本课程数量各不相同,从0至100门不等。其中,开设1至10门校本课程的学校最多,占比60.7%;其次是开设11至20门校本课程的学校,占比12.3%。由此可见,不同学校开发的校本课程数量有一定的差异,大部分学校开发校本课程的数量在1至20门之间(见图3-10)。我们就校本课程开设的数量对教师进行了访谈,被访谈教师反馈,学校的拓展类校本课程数量是根据班级数进行设置的,按照学校的一般教学规模,开发的校本课程数量在30门左右。拓展类校本课程包括限定拓展课程和自主拓展课程,学校把校本课程和拓展型课程结合在一起进行开发,在课时上就有了保证。调查结果显示,多数学校开设了1至10门校本课程,但访谈中了解到每校会开设30门左右的校本课程,这两个数据之间的差异,说明部分教师对校本课程开发情况的了解不够全面。

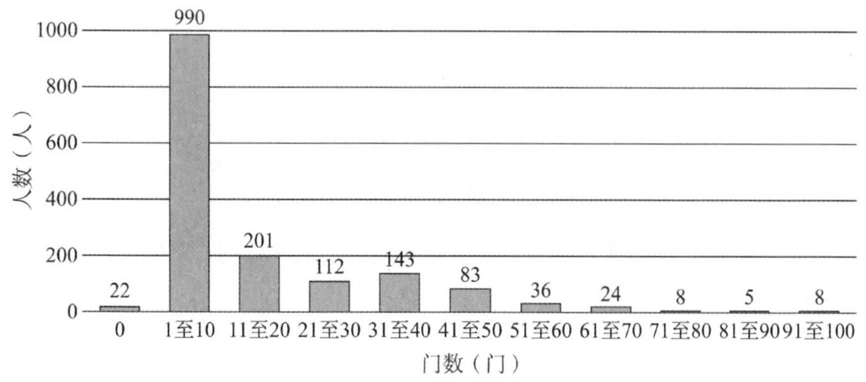

图3-10 学校开发校本课程的数量调查($N=1632$)

2. 校本课程类型以学科拓展类课程为主

调查结果表明(见图3-11),上海学校开发的校本课程大多属于学科拓展类课程,占比61.89%,这说明上海市各小学开发校本课程时主要结合各学科的特点进行开发;其次是艺术类课程，占比 14.58%，这是因为艺术类课程更吸引学生，能够培养学生的兴趣爱好；接着是社会实践活动类课程，占比 9.50%，这类课程主要与德育活动相结合，也是普遍存在的一类校本课程。其他类型的课程也有所涉及，这说明学校在课程开发时兼顾了学生的个性化需求，尽量为其提供较为丰富的课程。

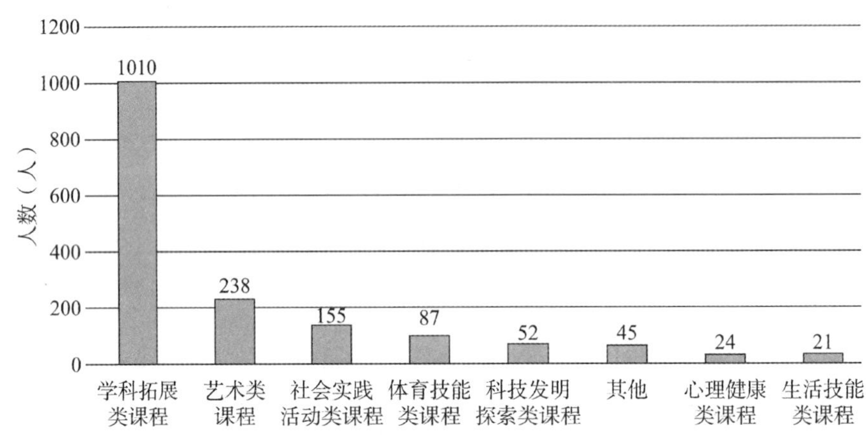

图 3-11　校本课程开发类型调查（***N***=1632）

3. 校本课程开发主体以相关教师（如骨干教师、青年教师）为主

校本课程开发主体以相关教师（如骨干教师、青年教师）为主，占比 82.05%。相关专家、家长等参与较少，占比 3.13%。课程专家比较精通课程开发，欠缺专家参与，课程开发质量难以保证，学校需要邀请专家对课程开发的全过程进行指导。家长资源非常丰富，可以作为学校课程资源的有益补充，学校后期需要思考如何引进家长资源。相关调查结果见表 3-9。

表 3-9　校本课程开发参与人员调查表（*N*=1632）

类别	人数（人）	比例（%）
相关教师（如骨干教师、青年教师）	1339	82.05
相关行政领导	215	13.17
相关专家、家长等	51	3.13
其他	27	1.65

4. 校本课程开发逐渐自成体系

调查结果表明（见图 3-12），有 71.26%的学校已经开发校本课程，且相关校本课程或自成体系，或融入学校整体课程架构。这一调查结果与后期的跟踪访谈结果相互印证，很多小学在开发校本课程时会考虑学校的整体课程建构，制订专门的课程计划。值得引起重视的是，仍有 26.65％的学校课程开发停留在比较零散的状态，尚未形成相应的体系，有 1.16％的学校尚未开发校本课程。

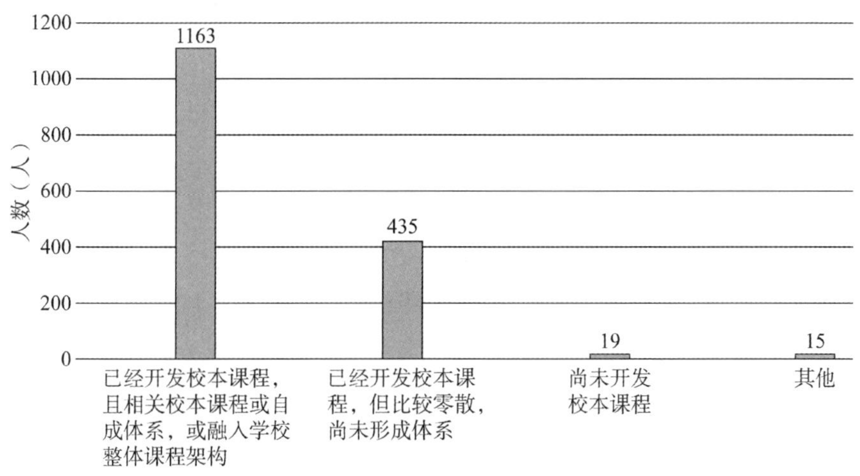

图 3－12 校本课程开发水平调查（**N**＝1632）

（二）教师参与校本课程开发的动机与能力分析

1. 教师参与校本课程开发的动机分析

从表 3－10 中可以看出，63.54％的教师参与校本课程开发主要是为了改进教学；23.90％的教师参与校本课程开发主要是因为个人兴趣所在。还有少部分教师参与校本课程开发是迫于领导压力与晋升职称需要。通过进一步访谈，我们发现，大多数教师认为，参与校本课程开发主要是为了改进教学，同时要结合自己的兴趣和特长，否则很难持续下去。很多课程没有持续开设，就是因为教师的兴趣和特长无法促进课程的实施与完善。

表 3－10 教师参与校本课程开发的动机调查（N＝1632）

类别	人数(人)	比例(％)
改进教学	1037	63.54
个人兴趣所在	390	23.90
迫于领导压力	130	7.97
晋升职称需要	42	2.57
其他	33	2.02

2. 教师参与校本课程开发的能力分析

调查结果表明(见表 3-11),45.53%的教师比较有信心能够完成校本课程开发任务,但对自己非常有信心的教师仅占比 9.87%。39.34%的教师持中立态度,对自己是否具备参与校本课程开发的能力表示不自信。少部分教师认为自己不能胜任校本课程开发这项任务。教师信心不足源于他们认识到自身有所欠缺,这启发我们关注教师在课程开发方面的专业发展。

表 3-11　教师能否胜任校本课程开发的调查(N=1632)

类别	人数(人)	比例(%)
非常不能胜任	16	0.98
比较不能胜任	70	4.29
一般	642	39.34
比较能胜任	743	45.53
非常能胜任	161	9.87

3. 教师进行校本课程开发的方式分析

调查结果表明(见表 3-12),84.93%的教师选择以合作开发的形式来完成校本课程的开发。合作开发是一种非常有效的开发校本课程的途径。还有少部分教师会采用委托或购买的形式进行校本课程的开发。在访谈中,我们了解到教师独立进行校本课程开发的能力比较欠缺,主要还是通过团队合作来进行校本课程开发;对于学校教师不能完成的课程开发任务,学校往往会选择购买课程服务,由第三方机构提供课程开发和实施服务。

表 3-12　教师采用何种方式进行校本课程开发的调查(N=1632)

类型	人数(人)	比例(%)
合作开发	1386	84.93
委托开发	112	6.86
独立开发	65	3.98
购买开发	65	3.98
其他	4	0.25

4. 参与校本课程开发带来提升的分析

调查结果表明(见表 3-13),只有 5.64%的教师对参与校本课程开发持消极态度,他们认为参与校本课程开发除了加重自己的工作负担，没什么好处。68.87%的教师认为参与校本课程开发可以改进自己的教学。63.05%的教师认为参与校本课程开发可以使自己的课程实施能力得到提高。这反映出，很多教师参与校本课程开发既能提高自己的课程实施能力，又能在其他方面得到发展，获得更多的机会。还有33.64%的教师获得了参与课程决策的机会，这也是教师比较关注的地方。在访谈中，我们发现，教师在负责一门校本课程的开发时决策权比较充分，开发什么、怎么开发、怎么实施、怎么评价都可以由开发者决定。但是，教师在整个学校课程建构中的课程决策参与权还是比较欠缺的。

表3-13　教师参与校本课程开发带来提升的调查（*N*=1632，多选题）

类型	人数（人）	比例（%）
可以改进自己的教学	1124	68.87
可以使自己的课程实施能力得到提高	1029	63.05
可以有更多机会参与课程决策	549	33.64
可以获得更多的提升机会	388	23.77
可以获得更高的地位和认同感	239	14.64
除了加重负担，没什么好处	92	5.64

（三）校本课程的管理情况分析

调查结果表明（见表3-14），大多数学校都有相关的校本课程管理机构与制度，少部分学校没有相应的管理制度及相关的负责人。在访谈中，我们发现，学校里分管课程的中层领导和校级领导会根据需要，推进拓展课等校本课程的开发与实施。上海市在课程计划里规定了拓展课程的课时，并在快乐活动日等活动中实施，这就保障了这类校本课程的开发。需要注意的是，这些管理更多的是常规式管理，缺乏对课程的相应评估与考核，更缺失对课程开发的激励。在课程的丰富性上，学校的管理还比较欠缺。现有的校本课程一定程度上存在重复、质量低、逻辑性不强等问题，需要引起管理者的思考。

表3-14　校本课程管理情况的调查（*N*=1632）

调查维度	选项	人数（人）	比例（%）
是否设立管理校本课程的机构或人	是	1399	85.72
	否	233	14.28

（续表）

调查维度	选项	人数(人)	比例(%)
是否建立校本课程组织的管理制度	是	1446	88.60
	否	186	11.40

（四）校本课程的实施情况分析

上海市在校本课程的实施上整体情况较好(见表 3－15)，在计划、课时、场地、师资等方面都有保障。95.71%的学校把校本课程纳入学校教学计划；94.12%的学校有固定的课时来实施校本课程(主要是快乐活动日、少年宫活动等)；91.97%的学校为校本课程的实施提供了固定的场地(以教室为主，兼有专用教室)；95.65%的学校安排了专门的教师负责校本课程的实施。这说明，上海大部分小学具备实施校本课程的硬件环境和物质基础，这也为更好地开发与实施校本课程提供了有效的保障。

表 3－15　校本课程实施情况的调查(N＝1632)

调查维度	选项	人数(人)	比例(%)
校本课程是否纳入学校教学计划	是	1562	95.71
	否	70	4.29
是否有固定的课时来实施校本课程	是	1536	94.12
	否	96	5.88
是否有固定的场地来实施校本课程	是	1501	91.97
	否	131	8.03
是否有实施校本课程的教师	是	1561	95.65
	否	71	4.35

（五）校本课程的评价情况分析

对校本课程开发的评价应以学生的素养发展为中心，包含对课程的评价、对教师课程实施能力的评价、对学生学习效果的评价。

1. 评价内容：偏重对教师和学生的评价

上海市大多数小学建立了学生评价制度和教师考核制度(见表 3－16)，既有对教师课程实施能力的评价，也有对学生学习效果的评价，但比较缺乏对整个课程的评估与反馈。在访谈中，我们了解到教师其实很想知道自己开发的课程质量怎么样、科学性是否有保证、实施得是否到位、下一步如何改进……遗憾的是，大多数学校没有关注到教师的这一需求，错失了进一步完善课程的机会。

表 3－16　校本课程评价情况的调查（N＝1632）

调查维度	选项	人数（人）	比例（%）
是否具备学生评价制度	是	1490	91.30
	否	142	8.70
是否具备教师考核制度	是	1403	85.97
	否	229	14.03

2. 评价主体：以教师评价为主，兼顾学生自评、家校共评

调查结果显示（见图 3－13），对于学生的课程学习效果，39.40%的教师认为应以教师评价为主，同时兼顾其他方法。23.90%的教师认为家校共评是比较好的评价方法。分别有 18.32%和 17.71%的教师认为应选择同伴互评与学生自评的评价方法，同时兼顾其他方法。在评价学生的课程学习效果时，大多数学校都以教师评价为主，通过课堂观察、作品呈现等方式了解学生的学习状况。在以教师评价为主的基础上，部分学校会设计一些简单的学生自评和同伴互评活动。

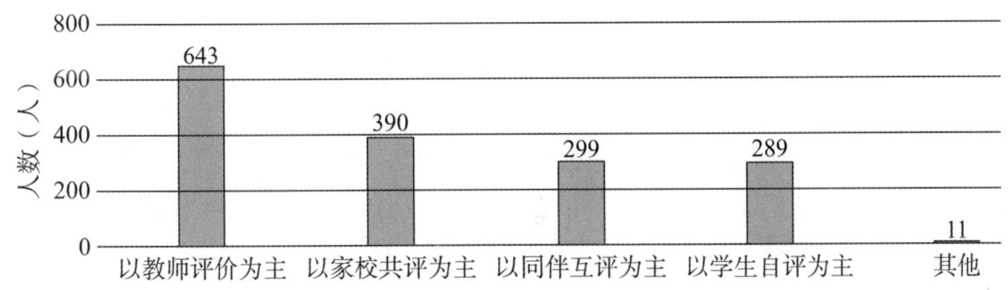

图 3－13　校本课程评价主体的调查（N＝1632）

3. 评价方式：应关注过程性评价

调查结果显示（见表 3－17），在校本课程评价方式的选择上，56.99%的教师认为应采用过程性评价，如通过档案袋的方式记录学生的学习过程；36.27%的教师认为应采用活动展示的方式进行评价；少部分教师选择了其他评价方式。校本课程的价值取向之一就是促进学生的个性化发展，因此，很多教师认为应给学生提供表现的平台，让学生把学到的本领展现出来，这样既能激励学生，也能充分展示课程实施的效果和学生学习的效果。

表 3 - 17　校本课程评价方式的调查（$N=1632$）

类型	人数（人）	比例（%）
过程性评价	930	56.99
活动展示	592	36.27
不需要有形评价	53	3.25
纸笔测试	43	2.63
其他	14	0.86

（六）校本课程开发的影响因素分析

学校能否顺利进行校本课程开发，以及开发到何种程度，受到多种因素的影响。分析这些情况，可以增强有利因素，消除不利因素，确保校本课程顺利开发。

1. 影响校本课程开发的关键性因素

为全面了解校本课程开发的影响因素，我们设计了一道多选题，尽可能涵盖了可能的关键性因素。调查结果显示，仅有 16 位教师认为还有其他因素影响校本课程的开发和实施，占总调查人数的 0.98%，这说明该题选项中包含的影响校本课程开发和实施的关键性因素较为全面，问卷设计较为合理。从表 3 - 18 中可以较为清晰地观察到，绝大部分参与调查的教师认为，“教师的时间和精力不够”“资源开发及利用不充分”“激励机制不完备”是影响校本课程开发的三大关键性因素，这三大关键性因素分别占比 79.84%、62.44%和 39.89%。剩余因素占比相对较低。这些统计数据和访谈的结果不谋而合，20 位被访谈教师都提到时间和精力不够，没有过多精力投入校本课程的开发。以上调查结果对学校开发校本课程提出了挑战，即如何平衡教师的工作时间、如何更好地开发和利用资源、如何完善校本课程开发的激励机制以提高教师的工作积极性。

表 3 - 18　影响校本课程开发的关键性因素统计表（$N=1632$，多选题）

关键性因素	人数（人）	比例（%）
学校教育质量观的狭隘化	265	16.24
教师的时间和精力不够	1303	79.84
课程与学生关注点不契合	219	13.42
激励机制不完备	651	39.89
家长对课程价值不认可	189	11.58

（续表）

关键性因素	人数(人)	比例(%)
资源开发及利用不充分	1019	62.44
其他	16	0.98

2. 校本课程开发需要的支持性条件

从表3-19中可以较为清晰地观察到，参与调查的大部分教师认为校本课程开发需要“充裕的时间”“经费支持”“专业支持与培训”“课程资源”。13.60%的教师认为需要完善评价与激励机制。

表3-19　教师认为开发校本课程最需要提供支持的调查(*N*=1632，多选题)

校本课程开发所需的支持	人数(人)	比例(%)
充裕的时间	1063	65.13
经费支持	1059	64.89
专业支持与培训	935	57.29
课程资源	992	60.78
评价与激励	222	13.60
其他	4	0.25

三、调查结论

（一）上海市小学校本课程开发总体上呈良好态势

通过校本课程开发的基本情况分析，我们可以发现，上海市小学校本课程开发在数量、类型、参与者、课程体系等方面呈现出良好的态势。结合访谈，我们发现上海市小学校本课程开发与三类课程中的拓展型课程相结合，学校在限定拓展课程和自主拓展课程的范畴内开发丰富多彩的课程供学生选择学习，对学生的兴趣特长和个性化发展起着促进的作用。在“快乐活动日”等课时保障下，大多数学校经过多年的探索，课程门类越来越丰富，课程的参与者从骨干教师扩展至越来越多的教师，教师的校本课程开发本体知识和能力也有了较大的提高。许多学校从开发一门课程到开发一个课程群，再到建构课程体系，课程开发能力稳步提升。应该说，上海市各小学在校本课程开发方面积累了丰富的经验，值得进一步借鉴与学习。

（二）校本课程开发的领导力有待加强

从调查中，我们知道许多学校都有相应的管理机构和管理制度。校本课程被纳入教学计划，有课时保证，有实施的场所，有师资队伍，这都说明学校的管理做得相对比较到位。但通过进一步访谈，我们了解到学校管理者所讲的课程安排和教师所感知到的课程安排有差距，也就是说，部分教师不知道学校的课程计划，不清楚学校的整体课程架构。当被问及学校有没有对课程的顶层设计时，大多数教师回答没有或者不清楚。有的教师反馈，学校会让教师根据自己的特长开设一门课程或者组织一类社团活动，然后学校会把这些课程拼凑在一起，放在学校的工作板块内。有的教师反馈，学校会让教师自主开发校本课程，但没有进行系统设计。这恰恰说明，学校擅长的是课程管理，而不是课程领导。因此，学校对校本课程开发的领导力需要进一步加强。

（三）教师校本课程开发的活力需要进一步激发

教师参与校本课程开发的动机主要包括以下几方面：一是出于专业发展的需要，可以借此改进教学；二是出于个人兴趣爱好，运用自己的特长满足课程发展需求；三是出于晋升职称的客观需要。通过访谈，进一步了解到，很多教师开发校本课程都结合了自己的学科特长，这样开发出来的课程既能满足学校的需求，也能满足自己未来晋升职称的需要。还有一部分教师运用自己非学科的特长开发校本课程，这部分课程多与教师的个人爱好有关，往往缺少外在的支撑，最后也因教师自身难以坚持而停止运行。值得思考的是，任教语文、数学、英语学科的教师因学科教学任务重、压力大，往往不太愿意开发校本课程，即使在学校要求下参与开发，也容易因精力有限而无法保证高质量。教师缺乏校本课程开发活力的另一个原因是缺少过程性的指导和改进反馈。很多教师反馈，学校没有进行课程的审核，也没有过程性的跟进指导，如果缺少资源，只能自己想办法。课程实施得怎么样、是否完整科学、是否有效达成目标等问题都无法得到反馈，影响了教师的积极性。

（四）同时关注过程性评价与成果展现

深化教育评价改革提出应该同时注重过程评价与结果评价，但调查结果显示，校本课程在评价时比较注重开头和结尾（因为开始时要填报申报书，结束时要上交考核材料），对于中间实施得怎么样却鲜少关心。完整的课程评价应包括对课程本身的评价、对任课教师课程开发与教学能力的评价、对学生学习效果的评价等，但学校往往通过教师评价和学生自评的方式评价学生的学习效果，忽略了对课程本身的评价和对任课教师的评价。学校对学生学习效果的评价方式也较为单一，较少采用有新意的评价方式，增值评价和综合评价就更少了。

（五）校本课程开发的支持体系尚未建立

学校对教师的课程开发行为有课时方面的鼓励，有期末的“上交材料”式考核，但却没有提供有针对性的支持。在调查和访谈中，我们发现教师较为需要“充裕的时间”“经费支持”“专业支持与培训”“课程资源”等。排在首位的是“充裕的时间”，这恰恰说明，学校需要解决教师时间和精力不足的问题。尤其是“双减”政策实行后，教师的工作时间有所延长，如何让教师有时间和精力创造性地参与校本课程开发成为学校需要重点思考的问题。学校如果仅仅提供某一时刻、某一方面的支持，可能无法解决深层次的问题，因此应建立课程开发的支持体系。

四、改进建议

（一）追求课程设计，加强学校对校本课程开发的领导力

当前，专家学者都倡导从课程管理走向课程领导。基于校本课程开发以提升学生学习品质为目标的课程领导，成为当今教育研究与实践的一个新兴领域。这种课程领导意在摆脱历来比较重视的“自上而下”的行政管理思维，更加强调“学校本身要把日常的课程实践活动作为自身的东西加以自主地、创造性地实施”。[①] 可见，从课程管理到课程领导，是教育课程发展的必由之路。[②] 本研究中的课程领导，强调课程统整，即以学校为场域，通过愿景引领、目标设定、协调激励、评价保障等要项，使学校课程体系能达成增进学生学习品质的目标。[③] 这种系统设计还包括对课程开发的理念、目标、教学、评价、工具等进行设计，并且以恰当的方式引领全体教师创造性地实施。

（二）创新研修方式，激发教师的校本课程开发活力

调查结果显示，教师普遍对自己课程开发的胜任力认同度不高，仅有接近一半的被调查者认为可以完成课程开发任务。在进一步的访谈中发现，大多数教师认为自己在课程开发的技术、课程开发的过程性调控、课程开发的组织与管理、课程开发的评价、课程

① 徐君.从课程管理到课程领导：课程发展的必由之路[J].课程·教材·教法，2005(6).

② 钟启泉.从“课程管理”到“课程领导”[J].全球教育展望，2002(12).

③ 吴国平，张丽芳.学校的课程统整：从课程管理到课程领导[J].全球教育展望，2013(2).

开发的改进完善等方面存在缺陷。为解决这些问题，一些学校想到了专家讲座，但这种形式无法从根本上解决课程开发问题。因此需要创新课程开发研修方式，让教师能在浸润式的开发中得到有针对性的及时指导。比如，可以通过建立团队工作坊的研修方式，以某一课程开发为范例，进行定期的体验式研讨、突出问题的讨论、复盘开发过程的头脑风暴，让教师在思维的碰撞中获得有效的经验，从而深入地开展课程开发。

（三）立足反馈改进，探索校本课程开发的有效评价模式

校本课程开发中的“开发”是一个全过程概念，包括设计、实施、监控和评价等环节。[①] 按照系统论的观点，校本课程开发应包括开发前的条件分析、开发中的动态监控和开发后的效果评价。但实际上，对开发中的动态监控是非常缺乏的。这种粗放式的开发因缺乏动态反馈和后续的有效供给而失去张力，没有达到应有的效果。因此，需要重新审视现有的课程评价，立足反馈改进，探索校本课程开发的有效评价模式。在进行评价时，要对整个评价方案进行设计，兼顾开发前、开发中和开发后三个阶段，统筹对课程本身的评价、对教师教学效果的评价、对学生学习效果的评价，必要时借助信息化手段，提升课程开发评价的技术含量，从而充分发挥课程评价反馈改进的作用，帮助教师了解现状，找准下一轮的突破口，走上提升之路。

（四）探索多维保障，建立校本课程开发的支持体系

综合调查和访谈结果，校本课程的成功开发需要多方面条件的支持。因此，有必要建立课程开发的全方位支持体系。从管理与领导方面来看，上位政策的推动、学校课程开发制度的建立、奖励机制的完善、科学系统的顶层设计、过程性的支持跟进等都需要进一步完善。从开发主体的参与情况来看，需要学校行政管理者、骨干教师、学生、家长、第三方个人或机构等建立课程开发团组，多方共治，联动开发。从资源获取情况来看，学校需要建立课程开发的资源平台，供教师便利选取配套资源，包括硬件设施设备器材、软件信息技术和开发工具等。从专业成长方面来看，学校需要为教师量身打造有效的学习方式，创新研修形式，助力教师提升课程开发能力。总之，要多方联动、多维互动、多元支持，以确保课程开发获得持续的保障。

---

① 王静.课改深化期校本课程开发的迷思与进路[J].教学与管理(中学版)，2016(5).

第四章

课程开发实践

我国著名教育思想家蔡元培在《对于新教育之意见》一文中较为系统地提出“五育并举”思想，“五育”课程的校本开发实践在我国起步也相对较早。本章主要从德育、智育、体育、美育、劳动教育校本课程开发实践的发展阶段、发展特点、现存问题和改进建议等方面对“五育”课程校本开发实践展开梳理和讨论。随着《关于深化教育教学改革全面提高义务教育质量的意见》文件的出台，德育、体育、美育、音乐、劳动教育校本课程开发的研究数量呈现集中增长的趋势。但对于“五育并举”校本课程开发的研究探索基本上是由各学科拼接组装起来的，其相关的课程研究散落在不同学科教学或形式各异的学校活动中，课程设计和布局也较为零散，难以形成“并举”局面。如何健全有机统一的、“五育并举”的学校课程体系，促使“五育并举”向“五育融合”转变仍是一个迫在眉睫的问题。

第一节　德育校本课程开发

德育校本课程是我国校本课程中不可或缺的组成部分。如何适时有效地把德育校本课程与立德树人的目标相结合并构建完善的德育校本课程体系成为日益重要的课题。本节采用文献研究法、案例研究法、访谈法等多种方法展开研究，结合德育校本课程开发的各个阶段，对德育校本课程设置、德育校本课程内容、德育校本课程评价方式、德育校本课程创新等问题进行剖析，并有针对性地提出建议。在改进德育校本课程开发方面，应加强德育校本课程的层次化开发能力，在课程内容上对校内施教与生活实践进行融合，构建量化德育评价模型及教学资源团队，打造信息化、趣味性的课程平台及内容，从而逐步推进我国小学德育校本课程的开发，打造结构优化、内容丰富、评价合理、信息化创新的未来德育校本课程。

一、德育校本课程的内涵诠释

随着基础教育课程改革的推进，德育校本课程逐渐得到重视。德育校本课程以学校教师与学生为主体，是在综合考虑国家和地方颁布的德育大纲，客观评估本校学生的需求后，由相关人员在充分利用学校及当地社区的德育资源基础上，选择、改编和新编适合对本校学生进行思想、道德等方面教育的课程。我国学者对德育校本课程概念的看法尚未统一。

朱晓滨从国家课程的角度出发定义德育校本课程，认为德育校本课程是学校在遵循《中学德育大纲》以及相关的教育政策法规与德育规律，充分依靠学校自身独特的德育资源，具体考虑本校德育工作实际情况的基础上，制订详细的课程目标、计划，编写课程教材形成的德育课程。伍小青认为，德育校本课程是学校在国家及上级有关教育部门规定的课程以外开设的课程。与朱晓滨对德育校本课程的定义不同，伍小青更强调德育校本课程是一个课程体系。

德育校本课程有不同的分类。在这一方面，我国许多学者赞同把德育校本课程分为认知性(学科性)德育校本课程、实践性(活动性)德育校本课程、隐性德育校本课程三类。

二、德育校本课程开发的研究历程

在我国教育发展史上，受到政治、历史、经济、文化等方面因素的影响，德育课程从课程理念到课程实施都把社会政治的需要放在重要位置。德育课程往往被视为传播社会政治理念及主流意识形态的工具与路径，这自然而然地强化了德育校本课程对学生的教化、规范和约束功能。部分学生有时会抗拒德育校本课程，这抑制了德育校本课程的作用，使得其预期效果难以实现。①

中小学承担对学生进行德育的重要任务。在国家统一的德育要求基础上，由于各地区的情况存在较大差异，德育校本课程更应该培养正确的价值观，提高受教育者的道德素质。

以往，我国的德育校本课程大多体现为活动课、选修课等非必要形态。在不同阶段，学者对德育、德育校本课程的研究程度也有所不同。从整体上看，学者的研究一步步推动了德育校本课程的开发。德育校本课程开发的研究阶段见表 4-1。

表 4-1 德育校本课程开发的研究阶段

阶段	特征	重要政策	典型代表
统一规划阶段(1978 至 1998 年)	我国基础教育课程实行自上而下和自下而上的双层管理体制，把教育发展权力下放至地方政府和学校，确保基础教育课程的开放性、参与性和适应性	1. 1985 年，颁布《中共中央关于教育体制改革的决定》 2. 1986 年，全国中小学教材审定委员会成立	—

① 侯玉丹.中学德育校本课程建设问题的研究[D].东北师范大学，2006.

（续表）

阶段	特征	重要政策	典型代表
起步发展阶段（1999至2009年）	1. 在课程目标上，旨在全面实施素质教育，促进学生全面发展，在具体实践中，却存在偏重知识目标、忽视非认知目标的倾向 2. 在课程内容上，力求通过内容的科学选择、编排，促进学生的全面发展 3. 在课程实践上，广大的任课教师努力在“教材中心”和“教师中心”的教学方法层面有所突破	1. 1999年，颁布《中共中央 国务院关于深化教育改革全面推进素质教育的决定》 2. 2001年，国务院召开全国教育基础工作会议 3. 2001年，颁布《国务院关于基础教育改革和发展的决定》 4. 2001年，颁布《基础教育课程改革纲要（试行）》	上海市第八初级中学从2000年起，为培养具有真、善、美品质的新世纪人才，以科学求真、人文求善、艺术求美为出发点，大力推进高品质人格锻造工程、校园文化建设工程，优化德育机制和课堂教学
自主发展阶段（2010至2014年）	1. 学校提出开发德育校本课程，逐渐关注教师和学生的需求，把师生的内在需求转化成校本德育课程的主要内容，努力使人人参与，追求学校的共同价值与理想 2. 部分学校开始考虑把校园文化精神、文化认同等作为校本课程核心内容，把不同方面的价值追求转化为校本德育课程的主题 3. 部分地区的德育课程取得了初步成效，这也为后期有效德育融合奠定了良好的基础	2012年，十八大报告中指出要高度重视培养社会主义建设者和接班人，把立德树人作为教育的中心环节	1. 2010年，辽宁省大连金州新区开发区第七中学提出多学科整合、全方位育人，搭建了“以人为本”的校本选修德育课程，丰富了校本必修德育课程 2. 清华大学附属小学在2011年突破学科碎片化教学方式，开展“1＋X”教学改革，以“语文立人”为理念，构建素养与价值观塑造体系，在2014年率先把“知识本位”的课程转化为“素养本位”的课程，以学科内整合、学科间整合、超学科整合的方式挖掘高质量和深层次的课程 3. 2013年，杭州市新安江第三中学开设认知性德育校本课程、活动性德育校本课程、隐性德育校本课程

（续表）

阶段	特征	重要政策	典型代表
整体融合阶段（2015年至今）	1. 凸显校本德育特色是该阶段的重要特征 2. 在课程开发过程中，学校全面关注青少年健康成长，提升教师和学生的综合素养，注重体验式学习，注重团队建设和系统培训，开展行动研究并注重课程实效，强化评估指导 3. 上述内容不只是德育校本课程开发的要求，也是趋势	1. 2014年，教育部在《关于全面深化课程改革落实立德树人根本任务的意见》中明确提出研究制定我国各学段学生发展核心素养体系 2. 2016年，在全国高校思想政治工作会议上，习近平总书记指出要坚持把立德树人作为中心环节，把思想政治工作贯穿教育教学全过程，实现全程育人、全方位育人，努力开创我国高等教育事业发展新局面 3. 2017年，从中国共产党第十九次全国代表大会会议精神中，同样可以解读出上述观点 4. 2018年，习近平总书记在全国教育大会中再次强调，要把立德树人融入思想道德教育、文化知识教育、社会实践教育各环节，贯穿基础教育、职业教育、高等教育各领域	—

三、德育校本课程开发的问题分析和改进建议

（一）德育校本课程开发的问题分析

通过研究我国德育校本课程开发的现状，可以发现，中小学认真学习国家及地方制定的德育课程纲要基本精神，依据本校和当地社区的德育资源特点以及学生道德发展的

需求，组织学校师生与校外团体合作开发课程，积极开展实践活动，就可以把一定的政治准则、思想观点、道德规范、法律规章内化为受教育者个体的政治素质、思想素质、道德素质、法纪素质。但在德育校本课程开发过程中也存在一些问题，以下针对其中几个主要问题进行说明。

1. 课程设置缺乏稳定性

我国德育校本课程设置连贯性较弱，各阶段课程内容之间缺乏有效衔接。在课程设置方面，每个地区的发展情况、教育资源均不相同，统一设置很难达成“因地施教”的目标。教育资源分布不均，学生知识基础不同，统一设置也不利于学生知识体系的构建，无法调动全体教师和学生的积极性，从而影响教学效果和学习效果。统一设置的德育校本课程缺乏灵活性。

2. 课程内容形式单一

目前，各地区都按照国家的要求开设了德育课程，德育校本课程则大多围绕现有教材内容进行组织。中小学的德育校本课程主要包括品德与生活(有的地区称作品德与社会、道德与法治)、思想品德、思想政治课程。学校的活动课程、隐性课程没有得到有效的开发。当前，对德育校本课程的形式并没有明确规定，导致德育校本课程的内容单一，对于学生社会化能力和思想政治教育关注不够。

3. 评价方式不合理

德育校本课程旨在提升学生的道德品质，培养学生正确的价值观，使学生养成良好的道德行为习惯。德育课程的评价方式应该与此息息相关。但部分学校制定的教学目标一定程度上偏离了我们的期望，所以在现实中，德育校本课程的评价方式主要以终结性评价为主。学生取得了良好的成绩，仅能说明这个学生较好地掌握了德育方面的知识，并不能说明这个学生的德育素养很高。德育校本课程应对学生的感情、心理和行为等产生积极影响，对于这样一门课程，这种评价方式明显不够合理，显得过于呆板。

4. 课程发展缺乏创新

我国当前的德育校本课程开发中存在一些问题：(1)德育校本课程开发注重课程本身，缺乏理论研究、实践及德育的渗透；(2)课程管理中没有形成系统化的德育校本课程，严重影响了教育的效果；(3)教师和学生没有从思想上高度重视德育校本课程，课程创新的积极性不高。总而言之，德育校本课程在创新性上有较大发展空间，需要鼓励自上而下、自下而上等多种形式的创新和改进。

（二）德育校本课程开发的改进建议

根据德育校本课程开发中存在的问题，现提出以下几点有针对性的建议。

1. 课程设置结构优化

德育校本课程开发者应该关注国家、各地区的教育部门、学校等，进行统筹规划，做好德育校本课程的调研工作，以学生现实条件为背景，结合师资力量、学生德育结构，以学校、教师和学生为主体进行德育校本课程开发。课程设置的内容应具有一定的可持续性，在不同年级的德育校本课程设置中既要有基础教学科目，又要有对应延伸的拓展探究活动。学校应大力推进“学科育人”，挖掘各学科特有的价值观及道德意义，结合不同学科特点，在课程内容上层层递进，逐渐提升德育效果，使德育校本课程更加丰富。学校在构建德育校本课程的同时也应组建考核团队对其进行持续优化。

2. 课程内容多样化

在德育校本课程内容上，学校应从德育课程目标、教学形式、教学方法等角度入手，进行整体规划。学校要以立德树人为根本，在各学科教育内容渗透德育。在教育形式上，学校要从课程教学拓展至校园活动，创设校本德育的环境，在校内传统教育和校外日常生活中落实德育。在正确价值观的引导下，教师在各类综合实践活动中引导学生主动交流、合作与表达，并进行总结和反思，让学生获得独特的德育体验。教师通过优化活动结构设置，循序渐进地提升学生的文化素养。

3. 构建合理的评价体系

德育校本课程的目标是提升教师和学生的德育综合素养。德育校本课程的评价必须借助科学的评价体系。因此，学校需要综合考虑德育目标、德育内容、德育机制、德育评价、德育文化、评价主体、时间序列等指标，对各项指标进行细化和量化，从而打造相对完整的评价体系。学校要建构“校本化”“班本化”的德育评价体系，也要考虑多元化的评价主体，包括任课教师、学生、家长、专家等。学校要平衡好不同阶段评价因子的权重，最终打造客观、公正的德育评价体系。

4. 信息化课程创新

随着社会信息化水平的提高，学校需要与时俱进，根据教学资源、师资力量、学生水平等，把信息化德育校本课程教育渗透到课程管理中去，借助网络信息化平台、自媒体平台等介质，融入具有趣味性、引导性的课程内容（包含文字、图画、视频等），做好课内课外德育课程创新。此外，学校可通过学生、教师、家长的关注度、点击率、反馈，及时了解课程实施情况，采取不同措施、途径和方法制定适合本校学生的德育校本课程，并有效实行、总结和改进。

四、德育校本课程开发的趋势

德育综合素养是在持续性的培育过程中潜移默化形成的。因此，德育校本课程开发在未来发展的过程中，可能会呈现以下几种趋势。

（一）国际化

我国的国际地位不断提升，在国际事务、国际竞争等方面也越来越具有话语权。为满足现代化发展的社会要求，我国德育校本课程研究视野逐渐广阔，更加注重与国际接轨。学者时刻关注国际研究动向，顺应时代发展，深化德育校本课程开发，为培养国际化的优秀人才奠定坚实基础。

（二）生活化

教育来源于生活，也回归于生活，当前我国教育也在朝着人文生活的方向发展。我国德育校本课程改革的基本理念和趋势之一便是生活化。学生的道德发展只有通过社会生活才能更好地实现。如杜威主张“做中学”，不是供给学生现成的知识，而是给他们材料，让他们自己整理，进而解决生活中的问题，以此培养学生的价值判断能力，提高学生的思想道德素养。

（三）综合化

综合化是德育校本课程发展的一个方向。课程的综合化发展使得纯粹以学科的逻辑来组织课程的做法发生了改变。学校开始关注“综合实践活动”和“综合性学科”等，同时非常强调课程内容与课程性质的综合性。课程的生活化和综合化涉及德育校本课程的课程类型、课程内容、课程实施等方面，成为我国德育校本课程研究的重点之一。

（四）整合化

通过对国内外德育校本课程进行分析，我们可以发现，仅从德育理论、德育实践等方面着手不足以充分发挥德育的作用，理论、实践、生活融合渗透才能体现德育的优越性。在理论层面，我们要对德育校本课程进行深入的探讨，并把理论结果通过生活实践的方式进行验证，从而保证理论研究的正确性；在实践层面，我们可以通过德育实践寻找当前存在的问题和不足，以此为契机，进一步改进和完善。

第二节 智育校本课程开发

五育中的智育校本课程是学校最常开设的一类课程。这类课程与学科紧密相连，具体表现为学科拓展类课程。本节通过文献研究法和调查研究法，梳理我国智育校本课程开发的概况，并分析这类课程在开发过程中存在的问题，提出一些改进的建议。本节把以学科为基础开发的各类学科校本课程作为智育校本课程的主体，展开具体论述。

一、智育校本课程的内涵诠释

学科课程通常指语文、数学、英语、音乐、体育、美术、信息、劳动技术、自然等学科的课程。我国基础教育历来重视智育，中小学在开设校本课程时，也倾向于开发这类课程。这类课程不论是在文献研究中还是在具体的教育实践中，都广泛被提及，我们称之为智育校本课程。

智育校本课程大体上包括两种。一是国家课程的校本化实施，这种主要是学科课程的校本化实施，可以因校制宜，也可以因教师而不同。本节对这种智育校本课程不进行重点论述。二是以学科知识为基础，由学校根据本校情况，组织教师自主开发的学科拓展类课程，旨在进一步拓展学生的学科知识，培养学生的学习兴趣，开阔学生的视野。

有学者指出，智育校本课程开发的价值追求有三种。一是学生个性发展。智育校本课程不仅承认学生的学科差异，而且注重满足每个学生在学科上的不同发展需要，以促进学生的发展。二是教师专业发展。教师学科教学能力受到多种因素的影响，其中，对学生的了解程度和对课程的把握程度是两个基本要素。如果教师充分了解学生的学科兴趣和需求，就能根据实际情况开发学科类校本课程，专业素养也会逐渐提高。三是学校特色形成。国家推行校本课程的目的之一是尊重地方差异和学校差异，提高课程对学校和学生的适应性。学生在学习国家课程的同时，会产生对相关学科课程进一步学习的需求。基于此，学校应根据实际情况和学生的兴趣，开发满足学生需求的智育校本课程以供学生选择和学习，从而促进学生进一步发展。

二、智育校本课程开发的研究历程

与我国校本课程开发的研究阶段类似，智育校本课程开发可以划分为探索阶段、起步阶段、全面发展阶段三个阶段，见表4－2。

表4－2　智育校本课程开发的研究阶段

阶段	特征	重要政策	典型代表
探索阶段（1990至2000年）	20世纪90年代初，校本课程运动在西方国家蓬勃兴起	—	—
起步阶段（2001至2010年）	校本课程开发的概念和思想传入我国，引起部分学者的关注，少数研究者开始对校本课程进行探索	2001年，我国正式颁布了《基础教育课程改革纲要（试行）》，明确提出推行校本课程	—
全面发展阶段（2011年至今）	1. 随着基础教育课程改革的深入，学科类校本课程开发经过理论的验证和实践的检验，取得了一定的成绩 2. 各地区学科类校本课程开发和实施的步伐不一致，有些地区的学科类校本课程形成了地域特色	—	1. 我国地区经济发展不均衡，教育发展也不平衡，东部沿海地区的学科类校本课程开发和实施的效果较西部更好 2. 江苏省无锡市、天津市等地的部分学校形成了特色学科类校本课程

三、智育校本课程开发的问题分析

近年来，有关智育校本课程开发的研究颇为丰富，主要有两个方向：一是针对某一个学科进行深入研究，包括内涵、意义、特征、影响因素、实践问题及改进措施等；二是针对不同学科的整合进行探讨和提出建议。随着课程改革的深入，很多学者和中小学教育实践者关注到学科整合的重要性，纷纷提出要进行跨学科课程开发、不同学科的整合开发、超越学科的课程融合等。智育校本课程开发逐渐朝着单学科、多学科、跨学科、超学科的方向发展。但结合文献研究法和调查研究法，智育校本课程开发仍然存在一些需要进一步探讨和解决的问题。

（一）侧重两端，缺少过程性管理

从当前的研究文献来看，大多数研究智育校本课程的文献比较重视开发的前端，如关注如何设计智育校本课程，对于如何实施涉及的并不多。现实中，中小学的智育校本课程开发比较重视开始和结束两端，主要表现为开始时布置开发任务，由教师进行申请，结束时由教师填报一些简单评价类的表格作为材料存档。至于智育校本课程实施的效果如何、教师有没有认真实施、学生学习的效果如何，却少有研究探讨。这也造成了某些智育校本课程实施过程中存在随意或者走过场的问题。

（二）侧重单一学科，缺乏课程整合

校本课程开发的学科范围较广，但许多学校仅仅就某门学科或某几门学科开设拓展类课程。大多数学校倾向于单一学科的研究，对于多学科整合或者融合的研究相对较少。对于学校来说，基于某一学科的校本课程开发是非常有必要的，但如果仅仅就单一学科开设校本课程，很难培养学生综合运用学科知识解决问题的能力。因此，学校在进一步完善特色课程体系的同时，需要关注整合型智育校本课程的开发，为学生提供发展综合素养的机会。

（三）侧重简评，缺乏有效评价

校本课程开发的评价在实践中是一个难点问题。目前的状况是简单形式化的评价居多，能够有效促进课程发展的评价较少。有学者指出，校本课程开发评价分为准备阶段的背景性评价、编制阶段的实质性评价、使用阶段的诊断性评价，涉及教育系统层次、学校层次、学生层次三个层次。[①] 反观校本课程评价实践，从内容上侧重结果性评价，往往忽视学生的需求与学校的内外部条件，缺乏学校层面的评价和对开发过程、开发效益的评价。

四、智育校本课程开发的改进建议

针对以上问题，学校应该重视校本课程开发的系统性设计与管理，重视不同学科之间的有机整合，尝试通过有效评价不断改进课程。

---

① 吴刚平.校本课程开发评价的基本框架[J].集美大学教育学报，2001(1).

（一）重视系统性设计与管理

为了避免过程性实施管理中的疏漏，需要对课程进行系统性的设计和全过程管理。学校制定相应的智育校本课程开发流程、过程性管理要求、课程考核要求等，组织教师参与学习。教师明确整个流程，并参与课程设计、实施、评价和自我管理，最后由学校进行课程效果的考核。学校要对过程进行指导，以便改进整个课程开发流程。

（二）重视不同学科的有机整合

为了满足学生综合素养发展的需求，有些学校开发了一些跨学科的校本课程，如STEM课程、主题综合实践课程、项目式跨学科课程。这些都是非常有益的探索与实践。我们在近几年的研究文献中，看到了很多相关的研究。还有两种值得肯定的发展趋势：一是基于学科核心素养开发的校本课程，需要学生综合运用学科内相关知识和技能解决问题，发展学生的学科内综合素养；二是基于大概念或者关键问题，建构一些需要学生综合运用多个学科的知识解决问题的课程，发展学生的综合学科素养。

（三）通过有效评价不断改进课程

在进行校本课程开发评价时，学校应该从三方面进行系统的思考：一是对课程设计的评价，课程设计经过专业团队专门审核后才能进入实施阶段；二是对课程实施过程的评价，包括对教师教学过程和学生学习过程的评价，这个阶段的评价主要目的是指导和反馈，以便帮助教师更好地达成课程目标；三是对学生学习效果和整个课程的评价。对学生学习效果的评价，除了传统意义上的教师、家长和学生的评价，还需要通过展示等形式进行评价。对整个课程的评价是指借助全流程积累的相关证据，评估整个课程的达成情况，方便改进课程。当然，如果能借助信息技术革新评价的技术，建立学生全流程学习电子档案，将更有利于课程的完善和学生的成长。

第三节　体育校本课程开发

体育校本课程相关研究较为丰富，实践样态也较为多元。通过分析，我们了解了体育校本课程内涵及其概念界定，明确了体育校本课程不同阶段的发展特点。但在对我国体育校本课程开发的研究现状进行回顾性分析时，我们发现其中还存在开发流程不完善、体系架构不健全、教师开发能力有待提升、课程文化底蕴不足等问题，值得进一步研究。

一、体育校本课程的内涵诠释

（一）体育校本课程的内涵

体育校本课程是指在国家实行国家、地方、学校三级课程管理体制的基础上，以学校为主体，利用相关的体育课程资源开发的体育类课程。它具有弥补体育教材资源的不足、提高学校的办学自主权、增强学校对课程的选择性和适应性、体现办学特色的重要作用。它不仅需要校内外各界人士参与配合，也需要开发者对学校内外的环境资源进行综合评估。

（二）体育校本课程开发的内涵

有学者对体育校本课程开发的必要性和可行性进行了深入分析，认为体育校本课程是指学校及体育教师在实施好国家课程标准和地方课程实施方案的前提下，通过对本校学生体育需求进行评价，充分利用本地域和学校体育资源开发的可供学生选择的体育课程方案。① 有学者通过总结国外研究成果，把体育校本课程开发模式分为三种，分别为“实践模式”“过程模式”“环境模式”。② 综合不同研究者的观点，体育校本课程开发主要是指在三级课程管理体制的背景下，以学校为主体，以国家体育课程标准为开发依据的一种课程开发方式。这种校本课程开发方式往往以学校的体育与健康、体育活动课为基础进行拓展。部分学校也会开发学校缺失的一些课程，如武术、啦啦操、棋类，以及除排球外的其他球类，作为有益的补充。

二、体育校本课程开发的研究历程

在中国知网，笔者以“体育校本课程”为关键词，把检索时间设置为 1979 至 2022 年，共检索到 603 篇相关文献。结合研究主题和文献影响力对相关文献进行筛选后，详细阅读了 81 篇期刊论文和硕士、博士论文。结合查阅相关书籍，笔者对体育校本课程开发的研究阶段进行了回顾性分析，见表 4 - 3。

---

① 董翠香.新课程标准下中小学体育校本课程开发的必要性和可行性[J].西安体育学院学报，2004，21(1).

② 董翠香，李兴艳，王珊.体育校本课程开发的思想基础[J].上海体育学院学报，2007，31(5).

表 4－3　体育校本课程开发的研究阶段

阶段	特征	重要政策	典型代表
萌芽初现，百废待兴阶段（中华人民共和国成立初期至20世纪80年代初期）	我国提出校本课程开发建议的时间比较早，但在中华人民共和国成立初期遇到了各种各样的发展困境，导致体育校本课程发展相对滞后。在这一阶段，体育校本课程仍处于萌芽阶段，还存在不少问题	1. 1957年，毛泽东同志和省市教育厅、局长谈话时指出，要调动地方积极性，教材要有地方性，应当增加一些地方教材① 2. 1978年，颁布了《十年制学校小学体育教学大纲》，提高了选用教材的比重，学校可结合自身情况进行弹性选择	—
试点开展，初具成效阶段（20世纪80年代中后期至20世纪90年代）	1. 改革开放使我国社会、政治、文化、经济、生活等多方面发生了翻天覆地的变化，对当时的教育多元化提出了更高的要求 2. 在社会不断发展变化中，校本课程的发展迎来了春天	1987年，颁布了《全日制小学体育教学大纲（六年制）》	1. 1988年，上海市和浙江省先行一步，着手进行课程教材多样化的试点工作，开始编写符合本地区特点的基础教育教材 2. 上海市大同中学的体育教学工作形成了“面向全体，着眼素质，发展个性，学有特长”的格局，每周各年级开展“三课二活动”，其中有男足、女排等课程
政策引领，有效辐射阶段（20世纪90年代末至21世纪初）	这一时期的政策调整对之后体育校本课程的开发产生了重要影响，推动了地方课程的开发与实践	1. 1992年，颁布了《九年义务教育全日制小学、初级中学课程计划（试行）》 2. 1992年，颁布《九年义务教育中小学体育教学大纲》 3. 1996年，原国家教委规定学校应该“合理设置本学校的任选课和活动课”，此类课程应占周课时的20%至25%，并颁布了《全日制普通高级中学课程计划（试验）》 4. 1999年，颁布《中共中央 国务院关于深化教育改革全面推进素质教育的决定》	1. 上海、江苏、浙江等地开始实行“三大板块”的课程实验，部分学校开展了相应的研究 2. 江苏锡山高级中学（崔允漷和施良方开展校本课程研究的合作学校）在体育课程改革方面取得了较好的成绩，为我国体育校本课程建设树立了一面旗帜，实现了从选修课、活动课向校本课程的转变

① 国家教委中小学教材办.课程发展与社会进步——国际研讨会论文选[M].北京：人民教育出版社，1992.

（续表）

阶段	特征	重要政策	典型代表
政策引领，成果丰硕阶段（2000至2010年）	从这一时期国家出台的一系列政策文件来看，都要求学校基于国家课程方案和课程标准，开齐开足体育课程，并根据学校实际，积极开发特色、优势体育校本课程，把一些优秀的体育项目充实和丰富到体育课程内容中，让学生更好地继承和弘扬中国传统文化	1. 2000年，颁布《九年义务教育小学体育与健康教学大纲》《九年义务教育中学体育与健康教学大纲》 2. 2001年，颁布《国务院关于基础教育改革和发展的决定》 3. 2010年，颁布《关于深化基础教育课程改革进一步推进素质教育的意见》	—
多元发展，特色鲜明阶段（2011年至今）	随着体育校本课程相关政策的日趋完善和相关科研成果的积累，体育校本课程的研究呈现多元化发展趋势，研究主题主要涵盖课程开发、课程资源、少数民族传统体育、民族传统体育项目、红色体育等	1. 2016年，颁布《"健康中国2030"规划纲要》 2. 2019年，颁布《国务院办公厅关于印发体育强国建设纲要的通知》	1. 相关学者对"把民族、民间特色项目融入中小学体育校本课程开发"进行了详细的研究 2. 有学者对4R模式在"防海盗"军事体育校本课程中的应用进行了研究

从体育校本课程开发的几个研究阶段来看，虽然体育校本课程在我国提出较早，在一些地区也进行了试点推广，理论研究成果却非常少。2002年以前，只有零星的几篇研究文献；从图4-1中可以看出，2003至2009年，研究呈现上升趋势，在2009年达到了顶峰；2010年以后，研究整体上呈现下降趋势。随着研究的深入，学者对体育校本课程的研究不再仅仅追求数量上的提升，而是更加注重成果的质量与特色。

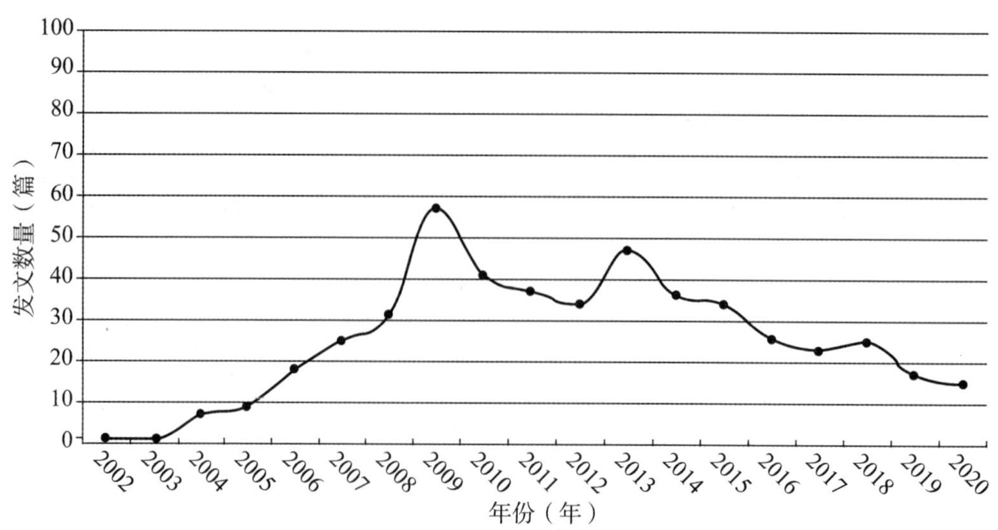

图4-1 2002年至今体育校本课程相关研究成果发表趋势（数据源于中国期刊网检索）

三、体育校本课程开发的问题分析和改进建议

通过对体育校本课程开发研究阶段的分析发现，体育校本课程开发逐渐从粗放向精细发展。但是，体育校本课程开发中仍存在一些问题值得探讨。

（一）体育校本课程开发的问题分析

1. 课程开发流程转变难

以往，我国实行的是国家统一的课程管理体制。这种自上而下的课程管理体制深刻地影响着教师的思维。虽然新的体育课程标准在教学内容上留给学校和体育教师较大的选择空间，但部分教师认为选择哪些课程内容、如何选择是一件非常复杂的事情，不如传统的体育教学大纲简单易行。这些教师形成了依赖心理，希望按照大纲的要求进行教学，不愿意主动思考、自主创新，不愿意成为课程的决策者、创新者和开发者。如果自上而下的课程开发流程不改变，教师的思想观念不改变，体育校本课程开发就难有突破。

2. 课程体系架构不健全

目前，国内关于体育校本课程体系的研究相对较少。经过细致地翻阅、研读，研究者发现，学者的研究内容主要集中在体育校本课程开发的某个项目、某个年级段，缺乏与国家课程、地方课程的有效整合，这不利于学生习得相关知识和技能。因此，在体育校本课程开发过程中，学校应重视校本课程体系的架构，做到循序渐进，这样有利于学生深入地学习体育方面的知识和技能。

3. 课程开发能力比较欠缺

对体育校本课程开发起关键作用的是教师。虽然教师对校本课程开发已比较熟悉，但受到自身相关知识能力不足的影响，有时也很难开发出有质量的课程。在日常的教学和教师培训中，对于一线教师专门的校本课程理论培训还不到位，所以大部分教师对于校本课程开发的理念、内涵、结构、内容、评价以及该如何实施等不够了解。这也就导致一线教师对校本课程开发认识深度不够，相关课程开发的能力比较欠缺。

4. 课程文化底蕴不足

近年来，体育校本课程开发取得了一定的成果。但是，体育校本课程开发在我国起步比较晚，起点不高，缺少文化积淀的过程，总体开发情况不容乐观。从目前的理论与实践研究来看，一些学校还是存在应付现象，以及“人有我也有”的心态，体育校本课程开发流于形式。因此，体育校本课程开发应以地域文化或学校文化为依托，选择那些真正符

合学校特色的体育项目。体育校本课程应与当地文化相适应、与学校文化相呼应，这样才能经得起实践的检验，具有可持续发展的生命力。

（二）体育校本课程开发的改进建议

1. 赋予教师开发权利，使之成为课程开发的主体

在自上而下的课程开发模式中，体育教师往往只是充当执行者的角色。因此，在今后的体育校本课程开发过程中，学校要调动教师参与课程开发的积极性，凸显教师在校本课程开发的主体地位，强调教师就是校本课程的开发者、创新者。学校要赋予教师一定的权力，允许教师对开发的课程进行合理的调整、改编，甚至是创新化的设计。这样，教师在开发过程中才能知道自己该做什么、想做什么，也能及时发现课程开发中存在的问题，适时修订方案。

2. 完善课程体系架构，使之成为课程开发的纽带

在校本课程开发时，学校应充分考虑其在三级课程中的作用。开发者要充分考虑校本课程能否与国家课程、地方课程进行有效整合，或成为两者的有益补充，思考如何搭建促进学生成长的有逻辑的课程体系。开发者要结合学校情况、学生需求以及国家课程、地方课程开展情况，以体育课程为标准，结合地方课程特色，选择适宜的体育项目进行开发。开发者不仅要考虑体育校本课程与国家课程、地方课程的体系架构，还要注重体育校本课程自身的体系架构，让学生能够持续、深入地学习校本课程相关知识。

3. 增强教师开发意识，使之具备课程开发的能力

教师作为校本课程开发的主体，其课程开发意识、能力、态度等会对校本课程开发产生重要的影响。所以，通过一定的校本课程开发知识和技能的培训，提升体育教师对校本课程开发的认识和理解，是一项必要措施。为了提高教师的课程开发意识，学校可以邀请课程专家开办校本课程、开发方面的讲座；定期组织体育教师与体育专家进行交流。学校还可以鼓励体育教师走出学校，主动向其他学校学习。只有积累了丰富的经验，才可能开发出丰富多彩的校本课程。

4. 提升课程文化底蕴，使之成为课程开发的源泉

学校既可以充分利用自然资源优势，基于浓厚的地域人文特色和学校优势项目进行体育校本课程开发，也可以结合学校优势开发特色项目，找到能够促进学校长远发展的路径。体育教师可以对体育课程文化资源进行筛选、改编、整合、创新，合理化、最优化地开发和利用相关资源，由此，推动学校形成以人为本、回归生活、多元共存的体育校本课程文化。

四、体育校本课程开发的趋势

（一）课程资源逐渐开放化

课程资源的开发是以学校为基地展开的，教师是具体的操作者和实施者。学校的管理层是影响体育校本课程开发人力资源的第一要素，体育教师是推进体育校本课程开发的核心力量。体育校本课程的开发是一项复杂的系统工程，还需要家长、社会的理解与支持。因此，在校本课程资源开发中，以校长为核心、以教师为关键、以学生为基础、以家长和社会为补充，形成一个开放的资源整合体系尤为重要。从文献分析结果可知，目前学校对课程资源开发、利用的力度还不够。但随着时代的发展、科学的进步、知识体系的更新以及教育、培训、宣传工作的不断深入，人们会对体育校本课程资源开发、利用有更为深入的认识。体育校本课程资源开发、利用，还需要更多的社会人员参与。

（二）课程内容逐渐多样化

课程内容是体育校本课程实施的基础和纽带，能否有效开发和利用相关课程内容在很大程度上影响着体育校本课程的开发进程。随着体育校本课程改革的不断发展，体育校本课程更加注重贴近学生的生活，采用学生喜欢的活动方式，丰富学生的生活经验。从相关研究得知，学校在校本课程开发中对运动项目、校本课程结构、教学组织形式、教学方法等的选择趋于多样化。随着校本课程改革的深入发展，体育校本课程的内容也会变得更加丰富多样。

（三）课程实施逐渐多元化

体育校本课程能否真正落地生根并发展壮大，在很大的程度上取决于校本课程的实施效果。以往，体育校本课程大多采用外控管理方式，这产生了很多问题。教育部门统一管理，不能有效激发学校实施校本课程的积极性。在校本课程实施过程中，如果实施者缺少一定的话语权或没有采取有效的激励措施，那么课程实施的效果也很难保证。我国在推行校本课程时，赋予学校一定的课程自主权，就是为了增强课程的适应性与特色性。所以，在校本课程实施过程中，教师和管理者都应该以一种创新、宽容的态度去分析体育校本课程的发展前景，给体育校本课程自由的发展空间。

（四）课程管理逐渐特色化

体育校本课程开发是一个系统并不断革新的工程。在校本课程推进过程中要求开发者不断更新理念、拓宽开发途径，寻求新的开发路径。建立教师共同体可以使体育校本课程开发不断向前深入，从而开创一条特色化与潮流化相结合的体育校本课程开发之路。同时，体育校本课程开发要促进学校办学特色形成，促进学生发展，这是课程拥有长久生命力的关键。课程开发时要尊重学校师生的独特性与差异性，融入学校的办学理念，这样，体育校本课程才能凸显学校办学特色与地方特色。

第四节　美育校本课程开发

为了确保艺术课程实施，国家和教育部多次发文促进学时学分制度落地。2015 年，国务院办公厅在《关于全面加强和改进学校美育工作的意见》中提出，到 2020 年，初步形成大中小幼美育相互衔接、课堂教学和课外活动相互结合、普及教育与专业教育相互促进、学校美育和社会家庭美育相互联系的具有中国特色的现代化美育体系，对美育概念进行了明确界定。2020 年，在全国教育工作会议上，教育部部长强调，艺术不是学校的“选修课”，而是学生的“必修课”。美育已然成为国家教育改革的重要衡量指标。

一、美育校本课程的内涵诠释

（一）美育课程的内涵

“美育”一词可以追溯到 1906 年王国维的《论教育之宗旨》一文。王国维在文中提出，精神之能力分为知力、感情及意志，对应真、美、善三个层次。其中，感情之理想即为美，对应的就是美育。美育不但可以促进德育、智育发展，而且能促使人的情感“达完美之域”[①]。20 世纪 20 年代，蔡元培先生着力倡导美育。进入新时代，习近平总书记在教育大会上强调了美育的重要性。他不仅肯定了美育的育人功能，还强调要坚持以德树人、以美育人、以文化人，提高学生的审美和人文素养，弘扬美育精神，增强文化自信等。

（二）美育校本课程的内涵

通过美育史变迁可以看出，美育校本课程受美育政策、美育观念的影响，是我国历史和政治不断发展的产物。随着新时代中国特色社会主义文化建设的深入，国家、社会、家庭更加重视美育。在美育工作增量提质的过程中，学校更加关注学生的审美情趣，注重

---

① 王国维，论教育之宗旨[J].教育，2001(10).

培养学生的创造能力，努力丰富学生的精神生活。2015年，国家印发《关于全面加强和改进学校美育工作的意见》，强调构建科学的美育课程体系，并在总体目标中明确了全面加强和改进学校美育工作。2018年，国家整体素质教育取得突破性进展，美育资源配置逐步优化，美育管理机制进一步完善，各级各类学校美育课程开齐、开足。

美育校本课程开发是对新时代教育问题的一种回应。教育部要求学校逐步完善"艺术基础知识、基本技能＋艺术审美体验＋艺术专项特长"的教学模式，这也是美育校本课程开发的新模式和新内容。学校应以大爱之心育莘莘学子，以大美之艺绘传世之作，努力培养心灵美、形象美、语言美、行为美的新时代青少年。

二、美育校本课程开发的研究历程

以下梳理了中华人民共和国成立以来的美育政策、美育观念和美育课程。

（一）美育政策转变

1. 益智美育观（1949至1956年）

1956年，教育部在《小学图画教学大纲（草案）》中指出，图画是小学进行美育并促进学生全面发展的学科之一。美育与智育的关系得到了明确。从这里可以看到，这一时期美育地位逐渐恢复，音乐、美术等美育课程回归课堂。学生可以通过基础课程提升审美能力。这一时期，我国对美育功能认识较前有了进步。①

2. 美育虚无观（1957至1976年）

在这一时期，受政治因素影响，国家教育政策中较少涉及美育。这一时期对于文艺作品和艺术观点的政治批判，导致人们对美产生了错误的认知。1961年，中共八届九中全会对教育事业进行了调整。这个阶段，美育发展较为缓慢。

3. 德育美育观（1977至1985年）

在这一时期，社会各界开展了思想理论上的拨乱反正和解放思想运动。中华民族真、善、美的理念被大力宣扬，导致美育工作与德育工作的边界模糊不清。1976年，在"五讲四美三热爱"的热潮中，美育逐渐得到重视，但美育仍未纳入教育方针。

4. 素质教育美育观（1986至1999年）

20世纪80年代初，美育研究热潮涌动。1986年，我国出台了《中华人民共和国义务

① 唐兵.近百年中国美育观念演变研究[D].西南师范大学，2001.

教育法》。之后,又出台了《1989—2000年全国学校艺术教育总体规划》《中共中央 国务院关于深化教育改革全面推进素质教育的决定》《中国教育改革和发展纲要》等一系列文件。这预示着美育得到了前所未有的重视。美育观念在这一时期得到了充分发展。

5. 五育并举育人观(2000年至今)

2015年,国务院办公厅印发《关于全面加强和改进学校美育工作的意见》《中小学校艺术教育工作自评办法》《中小学校艺术教育发展年度报告办法》。2017年,教育部出台《学校体育美育兼职教师管理办法》,破解了当时学校体育、美育教师紧缺的问题。2019年,教育部印发《关于切实加强新时代高等学校美育工作的意见》,引导学校构建美育政策体系。同年,全国学校美育工作会议举行。之后,国家要求学校从上齐美育课转变为上好美育课,不断推进新时代学校美育工作创新发展。

(二) 美育观念转变

纵观中国美育理论发展史,五四运动以前,主要受梁启超、王国维、蔡元培、鲁迅的美育教育观的影响。五四运动之后到20世纪20年代,出现了"百家争鸣"的景象。20世纪三四十年代的美育始终围绕着反帝、反封建的历史中心任务而发展。相比之前的美育观念,陶行知的情感陶冶美育观念、丰子恺的怡情悦性美育观念、朱光潜的人生艺术化的美育观念更具有现实性,也更具有斗争性。

中华人民共和国成立后,美学进入了一个崭新的历史阶段,主流的美育观念主要来自美学界和思想界。为美育发展奠定美学基础的朱光潜、重视艺术美育的蔡仪、主张美是客观性与社会性统一的李泽厚等为中国美育发展指明了方向。

20世纪70年代末至80年代初,研究者强调德育美育观。美学、美育遭到扼杀。整个社会停止了对美学、美育的探讨。1980年,第一次全国美学会议召开后,美育逐渐得到重视,理论界又一次拉开了美育理论研究的帷幕。

20世纪末,理论界对于美育的重视程度是空前的,艺术界、美学界、教育界知名人士纷纷发声。其中,影响最大的是教育界的大美育观。大美育观主要涉及两层含义:一是指在学校的各类课程和教育活动中都蕴含美育;二是除学校美育外,家庭和社会教育中要蕴含美育。大美育观扩大了美育概念的外延。

2020年,中共中央办公厅印发《关于全面加强和改进新时代学校美育工作的意见》,明确提出,美育是审美教育、情操教育、心灵教育,也是丰富想象力和培养创新意识的教育,能提升审美素养、陶冶情操、温润心灵、激发创新创造活力;同时强调要树立学科融合理念,充分挖掘各学科蕴含的体现中华美育精神与民族审美特质的丰富美育资源。在大美育观的基础上，融合和创新成为新时代美育工作的目标。

（三）美育课程转变

以往，我国多采用国家统一的课程设置方式，全国中小学基本上使用同一种教学计划、同一套教学大纲和同一套教材，缺乏灵活性和多样性。20 世纪 80 年代末 90 年代初，课程改革的步伐日益加快。1996 年，《全日制普通高级中学课程计划（试验）》中规定，学校应该合理设置本校的任选课和活动课。近年来，随着新时代中国特色教育目标和教育方式的不断优化，学校课程多样化的趋势更加明显。《地方和学校课程开发指南》颁布后，地方和学校的课程决策权明显加大，学校有了更多的开发美育校本课程的权利。

1999 年，《中共中央 国务院关于深化教育改革全面推进素质教育的决定》中提出，美育不仅能陶冶情操、提高素养，而且有助于开发智力，对于促进学生全面发展具有不可替代的作用，要尽快改变学校美育工作薄弱的状况，将美育融入学校教育全过程。随着三级课程管理体制的推行，美育校本课程有了进一步的发展。2015 年，我国全面加强和改进学校美育工作。2018 年，学校美育资源更加丰富，管理更加完善。在开齐、开足各类美育课程基础上，美育校本课程实践如火如荼。

目前，各级各类中小学美育的课程实践较为丰富，大致包括五种美育课程，见图4－2。

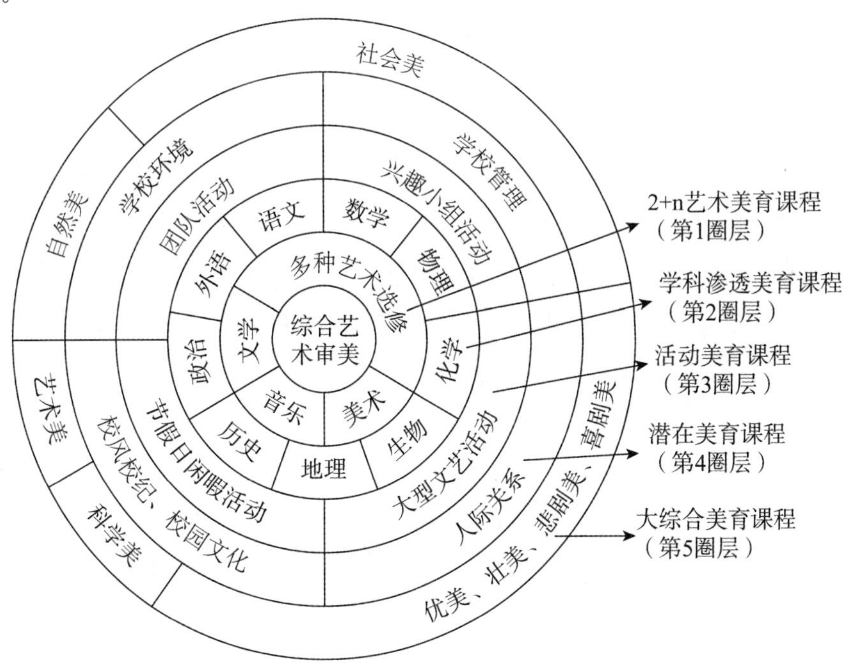

图 4－2　中小学美育五圈课程模式

1. 2＋n 艺术美育课程

2＋n 艺术美育课程是指在开齐、开足国家规定的音乐和美术两门课程后，学校会依据自身资源和条件开设多门艺术美育课程。受条件限制，暂时还不能开设更多美育课程的学校，大多先从开好这两门艺术课程及其审美化教学改革开始。目前，已经有学校开设了更多面向全体学生的艺术课程。例如，有学校开设了公共艺术与审美综合课程，以系统培养学生的综合艺术鉴赏能力。有相当多的学校开设了各种类型的艺术兴趣和训练课程，以达成教育部提出的“每位学生应该掌握 1 至 2 项艺术技能”的目标。部分学校为有艺术兴趣和特长的学生提供了较多的艺术训练机会。以上这些都是“改进学校美育教学”的方法与路径。

2. 学科渗透美育课程

学科渗透美育课程又称学科美育课程。学校已经开设的文科课程(语文、政治、历史等)与理科课程(数学、物理、化学、生物等)本来就蕴含着美的因素，包括内容美和形式美。提炼学科审美内容、创建学科审美方法、培养学科审美素养等是这类美育课程的独特目标和功能。已有研究表明，通过审美激发学生学科学习兴趣和学科想象力，促进学生学科感性与理性思维能力的协调发展等，有助于提高学生学习质量。各科教师需要转变观念，提高学科审美素养，才能胜任目前中小学学科课程教学对美育的新要求。

3. 活动美育课程

在大型文艺活动等美育实践活动课程中，学校要积极探索创造具有时代特征、校园特色和符合学生特点的美育活动形式。学校要大力开展小型、灵活、多样的艺术活动，民族地区的学校要积极开展具有少数民族特色的课外艺术活动。为此，学校要挖掘美育社会资源，拓展美育活动空间，构建与之相关的美育大课堂、大教学、大实践活动平台。

4. 潜在美育课程

潜在美育课程包括办学理念、校园文化建设、学校制度和管理建设等潜在因素的课程化和美化。学校要注重校园文化环境的育人作用，以美感人，以景育人，让社会主义核心价值观、中华优秀传统文化，通过校园文化环境浸润学生心田。

5. 大综合美育课程

目前已开展的美育综合实践活动、“审美・综合”等课程，集中系统地传授美的基本知识，包括自然美、社会美、艺术美、科学美等及其鉴赏方法，旨在培养学生鉴赏美、表现美、创造美的素养。该课程是中小学最简要、包容性最大的美育课程，或可作为与互联网深度融合的、智能化的实验课程来开设。

三、美育校本课程开发的改进建议

美育作为一种不可替代的人文教化力量，指向的是精神、人格、心灵的感受。美育的目的是提高人的生命素质，让人的精神得到满足。这既是每个人追求的生命境界，也是学校培养社会主义建设者和接班人希望达成的目标。以下提出美育校本课程开发的一些改进建议。

（一）更加凸显育人功能

美育作为五育并举教育举措的有机组成部分，对促进学生全面发展具有不可替代的作用。随着各个学校对“培养什么人、怎样培养人、为谁培养人”这一教育根本问题的不断探索，培养德、智、体、美、劳全面发展的时代新人已然成为新时代中小学校的育人追求。二十大报告强调，要全面贯彻党的教育方针，落实立德树人根本任务，培养德、智、体、美、劳全面发展的社会主义建设者和接班人。在具体落实过程中，各级各类学校应对学校课程的目标、任务、功能定位有明确的认识。美育校本课程也必须紧跟党的教育方针，坚持育人为本、立德树人。

（二）不断提升艺术品质

美育校本课程在学校课程体系中不是独立存在的。在未来校本课程发展的要求下，教师要树立学科融合的理念，充分发掘各个学科的美育元素，促使美育与德育、智育、体育、劳育逐步融合。在严格落实国家课程刚性要求基础上，学校应不断拓展课程领域，丰富课程内容，改进教学模式。学校还应不断拓展艺术教育空间，努力和大学、博物馆、艺术馆等建立联系，不断提升学校艺术校本课程的品质。

（三）融合多种课程资源

《关于全面加强和改进新时代学校美育工作的意见》指出，学校美育课程以艺术课程为主体，主要包括音乐、美术、书法、舞蹈、戏剧、戏曲、影视等课程。学前教育阶段应开展符合幼儿身心特点的艺术游戏活动。义务教育阶段应丰富艺术课程内容，在开设好音乐、美术、书法课程的基础上，逐步开设舞蹈、戏剧、影视等艺术课程。在“互联网＋”背景下，美育校本课程的课程内容更加丰富、课程形式更加多元、课程构建更加便捷。学校应利用网络上丰富的视频、图片资源，实现学生个性化学习。除了线上资源，线下的社会力量和大中小幼衔接的学校美育课程体系的构建，都为学校美育课程增添了新的内容。学校应合理使用这些资源，在学校课程大框架下构建美育课程。

（四）不断增强师资力量

2017 年，教育部在《学校体育美育兼职教师管理办法》中明确提出，要以专任教师为主，以兼职教师为补充，加强体育、美育教师队伍建设。在美育教师队伍中，专任教师是主要力量，兼职教师是补充力量。其他学校的专业艺术教师、校外教育机构或社会团体的艺术工作者、民间艺人都成为学校开展美育的人才库，这增强了学校美育的师资力量。当然，在这种跨系统、跨单位、跨管理的人员合作模式下，各校在和兼职人员对接过程中也出现了一些困难和挑战，亟待社会相关部门协同解决。

附　音乐校本课程开发

作为中小学校本课程开发的热点，音乐校本课程的开发与实施一直是研究的主要方向之一。因此，在讨论了美育校本课程开发后，本节选取音乐校本课程进行专题论述。

一、音乐校本课程的内涵诠释

音乐校本课程是指学校在综合考虑当地人文地理环境、民族文化传统、本校学生需求基础上，开发的具有地区、民族、学校特色的音乐课程，课程开发的主体是教师。课程目标是引导学生感受民族文化的独特魅力，培养学生传承民族音乐文化的意识。音乐校本课程以各种音乐资源的开发和利用为基础，能够培养学生对音乐的兴趣，发展学生对音乐的感受与鉴赏能力、表现能力和创造能力，提高学生的音乐文化素养，丰富学生的情感体验，陶冶学生的情操。① 音乐校本课程开发是指以某一学校为基地进行的音乐课程设计。音乐教师可以在原有的音乐课程和拓展课程内容基础上进行其他课程类型的实践活动。② 音乐校本课程的内容可以分为两类：一是教师在原有教材的基础上选择、改编和补充更有实际意义的新课程内容；二是教师根据自己的专业特长等条件创编的新课程内容。③

由此可见，音乐校本课程是以音乐资源为基础，以学校为基本，以教师为开发主体，以学生音乐素养发展为根本的一种课程。从学校课程建设来看，音乐校本课程对于学校特色及学生素养的形成具有积极作用。

二、音乐校本课程开发的研究历程

我国曾长期实行单一的国家课程模式，从宏观层面全面计划与安排，统一编制教材。随着基础教育改革的深入，我国逐渐发展出国家、地方、学校三级管理体制，这一体制为音乐校本课程开发和实施提供了制度保障。在相关政策的引领下，音乐校本课程的开发

---

① 李飞飞.基于地方文化传承的小学音乐校本课程开发研究——以天津为例[D].东北师范大学，2011.
② 乔金焕.上海市初级中学音乐校本课程开发现状调查与个案研究[D].华东师范大学，2010.
③ 韩月娇.初中音乐校本课程的研究——以平山县外国语中学为例[D].河北师范大学，2015.

逐渐进入实践研究阶段。从 1999 年至今，音乐校本课程开发的研究可以划分为三个阶段，见表 4-4。

表 4-4　音乐校本课程开发的研究阶段

阶段	特征	重要政策	典型代表
政策推动的起步阶段（1999 至 2003 年）	这一阶段是音乐学科课程改革的重要阶段。我国先是提出三级课程的管理制度，组织专家修订高中课程纲要，接着提出各科课程标准。这标志着从国家课程到地方课程、校本课程权利的变化。自此，学校获得了更多的课程开发自主权	1. 1999 年，颁布《中共中央 国务院关于深化教育改革全面推进素质教育的决定》 2. 2000 年，教育部组织修订了《全日制普通高级中学课程计划（试验修订稿）》 3. 2001 年，颁布《国务院关于基础教育改革与发展的决定》 4. 2001 年，颁布《基础教育课程改革纲要（试行）》	—
实践探索的兴起阶段（2004 至 2009 年）	在国家政策的引领下，自 2004 年起，我国陆续出现了多篇与音乐校本课程相关的研究文献。有关中小学的研究文献多为民族民间音乐或地方音乐进课堂的初步实践	—	1. 2004 年，《关于湘西农村音乐校本课程开发的一点思考》 2.《包钢八中音乐校本课程的开发与设计初探》以初中学段为例，分别阐述了校本课程的基本理念、价值取向、操作流程、开发条件，并结合包钢八中的实际探讨了初中音乐校本课程的开发与具体设计① 3.《新课程改革下高中音乐校本课程的开发与实践研究》以高中学段为例，借助具体案例，分析了校本课程开发与实践中存在的问题，从资源整合与共享、教师自主及学生个性方面提出了解决策略，并结合校本课程的理论对其开发的原则及实施的方式提出建议②

① 张彤.包钢八中音乐校本课程的开发与设计初探[D].内蒙古师范大学，2006.
② 邓乐璇.新课程改革下高中音乐校本课程的开发与实践研究[D].辽宁师范大学，2009.

（续表）

阶段	特征	重要政策	典型代表
理论与实践的发展阶段（2010至2020年）	除了政策上的积极引导外，该阶段全国各地的学校逐步进入实践阶段，积极开展“一校一品”“一校多品”等活动，实践成果丰硕。这一阶段的文献成果既注重对音乐校本课程的理论研究，也注重对音乐校本课程的实践研究和比较研究	1.《义务教育音乐课程标准（2011版）》重新审视了音乐课程的性质，明确了音乐课程的四大价值 2. 2015年，《国务院办公厅关于全面加强和改进学校美育工作的意见》中提到，义务教育阶段学校在开设音乐、美术课程的基础上，要创造条件开设舞蹈、戏剧、戏曲、影视等地方课程	—

三、音乐校本课程开发的成果和问题分析

音乐课程相关政策逐步完善，特别是音乐学科课程标准的颁布，推动了我国音乐校本课程的研究。在诸多研究中，相关实践案例的研究内容最为丰富。从这些研究中，我们发现音乐校本课程开发取得了一定的成果。

（一）取得的成果

1. 实践案例多，开发经验足

通过文献梳理，我们发现，相关实践案例非常多。对民歌、民族音乐、器乐的研究，为我们后续进行范式的研究提供了理论素材。这些研究中的开发经验也为教师进行校本课程的开发提供了模板。

2. 研究范畴广，开发程序齐

已有文献既注重对音乐校本课程实践案例的研究，也注重对课程理论的研究及比较研究。这些研究都对校本课程的开发提出了建设性的意见，或者探索出了具体的开发路径，或者对校本课程开发的程序进行了初步探索。部分研究中设计的调查问卷、访谈记录表等为后续校本课程的开发奠定了良好的基础。

3. 研究特色显，实践资源足

结合地方特色或校本特点进行课程开发是已有文献中实践案例的重要特点之一。可见，地方特色是校本课程内容的重要切入点之一。这也为我们后续的研究及课程开发提供了范本，更为校本课程质量的提升提供了指导。

（二）存在的问题

我们发现，音乐校本课程开发中还存在一些需要改进的方面。

1. 个案描述较多，缺乏理论借鉴

分析已有文献发现，多数文献为个案研究，并且描述性文章较多。其中，理论探讨的部分包括音乐校本课程的含义、开发的意义、开发的类型及程序等，对于音乐校本课程开发的理论研究还比较薄弱。从理论层面来看，校本课程开发的具体模式，如资源的选择、师资的培养、开发的程序，都需要深入探讨。因此，虽然这些文章有助于我们了解部分地区或学校音乐校本课程开发的实践案例，但是依然缺乏理论借鉴意义。对中小学音乐校本课程开发进行系统研究的文章还比较少。

2. 定式思维严重，缺乏创新意识

校本课程的开发与实施中，音乐教师是非常重要的主体。目前，多数学校的音乐教师都能按照教学要求，完成规定的教学任务。音乐课程标准中提到，很多教师对音乐校本课程中内容的选择、开发的程序不够熟悉，缺乏创新意识。结合学校的实际情况，很多学校对音乐学科的重视程度不够，导致学校在校本课程的开发上没有完善的领导机制与开发机制，很难推进音乐校本课程开发。

3. 艺术形式不佳，缺乏艺术生命力

校本课程的开发需要多方合作，我们既要从理论上解决教师对校本课程开发的认识问题，又要在实践中选择符合校情与学情、体现地方特色的课程，真正实现校本课程的“一校一品”目标。但在开发校本课程的过程中，选择合适的资源是不容易的；在专家的指导下，开发富有特色的课程仍需要进一步研讨。很多学校开发的课程会因教师个人的变动而中止。能经得起实践检验且持续发展的课程，多是结合地方特色和学校特色来开发的音乐校本课程。这些课程在开发与实施中得到了校方的大力支持与推动，生命力较强，但在艺术形式、艺术内涵及表现力上仍需要深入探索。

国家课程与校本课程的开发都有其局限性。两种课程只有相辅相成，各取所长，才有可能实现教育效果的最优化。可以肯定的是，我国中小学音乐校本课程会随着音乐课程改革的步伐而前进。

四、音乐校本课程开发的改进建议

（一）音乐校本课程的系统化开发

校本课程是三级课程的重要组成部分。因为尊重了学校具体环境和师生的差异，校本课程开发能对国家课程开发起到补充作用。从音乐课程的完整性来看，音乐校本课程是我国中小学音乐课程中非常重要的一部分。

音乐校本课程的系统化开发是未来研究的主要趋势。从宏观层面来看，国家、地方相关教育部门需要完善宏观制度建设，建立相应的制度体系，如建立完善的校本课程开发评估体系，组织中小学音乐教师参加课程开发技术培训；需要与高校及校外课程研究机构合作，为校本课程的开发提供系统支持。从微观层面来看，学校组织体系的建立也是非常有必要的。在开发校本课程前，学校可以成立音乐校本课程开发领导小组，完善组织体系，通过聘请专家、开展调查等方式，开发符合校情和学情的课程。

（二）音乐校本课程的特色化实施

地方特色、校本特色、教师特长都可以成为校本课程开发的特色资源。民族文化的特色化开发是音乐校本课程实施的重要趋势之一。从当前国家政策及课程标准的指向来看，学校在开发与实施音乐校本课程的过程中，要以民族文化为基础，探索独具特色的民族文化传承途径，最终实现有特色的多元化课程设置。

结合音乐校本课程实施的具体内容，学校可以从地方特色出发，汲取其精华作为校本课程开发的重点内容。学校可以开发富有学校特色的音乐课程，使其成为体现学生精神风貌、展示学校形象的窗口。学校也可以挖掘社会资源，聘请校外教师，传承特色文化，如现在很多校本课程与当地非物质文化遗产相结合。这些特色化实施路径也是我国中小学音乐校本课程的发展趋势之一。

（三）音乐校本课程的可持续发展

校本课程的可持续发展就是课程艺术生命力的体现。音乐校本课程的开发要关注课程的艺术内涵、艺术表现等，真正让校本课程成为学校的特色。

我国是一个拥有丰富音乐文化资源的国家。不同学校所处的地理环境和经济文化环境存在较大差异，因此，师生在音乐素养与文化上的差异也很大。在音乐校本课程的开发与实施过程中，学校应更加关注课程的丰富性，让课程去适应学校。课程开发与设置的主动权在学校，课程的开发机制、课程的实施、课程实施后的评价、学校教师的持续培养等都是音乐校本课程可持续发展需要关注的重点。

学校要在国家宏观政策的引领下，思考如何走出符合本校情况的课程改革之路。在参与课程开发的过程中，教师从被动的接受者逐渐转变为改革者、实践者。如何构建一种动态的、可持续发展的音乐校本课程研究机制，值得学校和教师思考。

第五节 劳育校本课程开发

苏霍姆林斯基说:"儿童的智慧出在他的手指头上。"劳动对人的个性发展的作用,就像人与自然的相互作用。劳动教育(以下简称劳育)是对人进行全面发展教育的重要内容和主要形式,劳育课程是实现劳育目标的基本途径。随着社会的发展,劳育不断被时代赋予新的内涵。本节通过梳理劳育校本课程的研究阶段及发展特点,分析课程开发的现状及其背后的原因,进一步明确了劳育校本课程的发展趋势。

一、劳育校本课程的内涵诠释

(一) 劳育的内涵

劳育概念在不同的教育情境里强调的重点有所差异,劳育的内涵随着时代发展而不断丰富、完善。

苏霍姆林斯基认为,劳育可以分为两点来看,它不仅仅是对年轻群体关于社会生产的一种实际操作与训练,还是构成德、智、美的不可或缺的重要元素,它能对人的品德与智力等进行很好的培养与规范。[①]《教育大辞典》从实践的角度对劳育进行了解释:劳育是培养学生积极健康的劳动态度、劳动习惯、劳动观点的教育,它强调了教育中劳动、技术、生产等方面的要素,其目的在于提高学生关于工农业方面的基本素养与技能。可见,劳育是一个动态发展的概念,其内涵会随着时代的发展而不断丰富。总体来说,劳育旨在通过各种形式的劳动培养正确的劳动观念、丰富的劳动情感、非凡的劳动意志和劳动毅力,促进人的身心和谐发展,最终实现"完整的人"的教育目标。

(二) 劳育校本课程的内涵

学者对劳育校本课程概念有着不同的见解。综合来看,劳育校本课程是指在学校环境内开展的系统化、规范化的教育活动。劳育校本课程配备专职的教育人员,服务于特定的对象,具有自身的特殊性。劳育校本课程对于促进学生的全面发展具有不可替代的作用。[②] 学校作为践行劳育的主要场所,可以通过课程整合,把劳育与学科教育、德育、校园文化建设等结合起来,进行课程体系的整体建构,创新开发劳育校本课程。劳育在

---

① 杜殿坤.苏霍姆林斯基论教育[J].全球教育展望,1984(4).

② 王秉洁.鄂尔多斯市学校劳动教育的现状与问题对策[D].内蒙古师范大学,2013.

学校中的实现既是有形的，也是无形的。①

二、劳育校本课程开发的研究历程

中华人民共和国成立以来，我国对劳育十分重视，始终把劳育作为实施素质教育的重要途径。改革开放后，社会经济水平有了显著提升，劳育校本课程随之不断发展。从国家在不同时期颁布的与劳育相关的政策来看，劳育具有阶段性样态和特点。总的来说，包括强调教育和生产劳动相结合、强调把劳育纳入素质教育、强调构建新时代的劳育体系三个阶段。劳育校本课程开发的研究阶段见表 4－5。

表 4－5　劳育校本课程开发的研究阶段

阶段	特征	重要政策	典型代表
百废待兴阶段（1949至1977年）	这一时期，国家的生产力水平较低，劳育主要以教授生产技巧为主，以培养学生的劳动能力和劳动技巧为主要目的。在“文革”时期，劳育的意义和作用被夸大，人们更为强调体力劳动，重劳轻文的现象在当时尤为多见	1. 1957 年，毛泽东同志提出，要把培养全面发展的劳动者作为社会主义教育的根本目标 2. 1958 年，毛泽东同志提出，教育必须为无产阶级政治服务，必须与生产劳动相结合 3. 1958 年，中共中央 国务院在《关于教育工作的指示》中规定，在一切学校中，必须把生产劳动列为正式课程，每个学生必须依照规定参加一定时间的劳动②	—
初步发展阶段（1978至1990年）	这一时期注重把教育、劳动生产、知识、科技进行融合	1. 1978 年，邓小平同志在全国教育工作大会上提出“科学技术是第一生产力”的科学理念，并指出，要适应新时代的发展，如何贯彻落实教育和生产劳动相结合的教育方针是首要任务 2. 1963 年，《全日制小学暂行工作条例》(草案)重新规范了小学生参加生产劳动的内容 3. 1985 年，《中共中央关于教育体制改革的决定》指出，社会主义现代化对各级各类人才的需求是培养各行各业有文化、懂技术、业务熟练的劳动者 4. 1987 年，《全日制小学劳动课教学大纲》指出，通过工农业生产劳动的技术与劳育相结合，引导学生掌握一些基本的生产技术知识和技能	—

① 姜海萍.正心立德劳动树人——小学“新劳动教育”的实践与思考[J].中外交流，2020(26).

② 顾明远.教育大辞典：简编本[M].上海：上海教育出版社，1999.

（续表）

阶段	特征	重要政策	典型代表
蓬勃发展阶段（1991至2011年）	20世纪八九十年代，素质教育掀起了新的浪潮，劳育迎来了新的变革时期。21世纪初，世界经济、科技的发展改变了人类的生产方式和生活方式。这一时期，劳育被赋予了德、智、体、美、劳全面发展及尊重劳动价值的内涵	1. 1999年，《中共中央 国务院关于深化教育改革全面推进素质教育的决定》提出，教育与生产劳动相结合是培养全面发展的人才的重要途径 2. 2001年，《关于基础教育改革与发展的决定》强调，必须坚持教育、生产劳动和社会实践相结合。这一政策的发布，使劳育有了更加丰富的内涵 3. 2002年，党的十六大报告指出，必须尊重劳动，尊重知识，尊重人才，尊重创造。这进一步阐明了劳育的价值、意义和重要性	—
科学全面发展阶段（2012年至今）	这一时期，劳育校本课程有了更清晰、更科学、更合理、更全面的发展，更强调培养学生的劳动价值观，强调把劳育渗透在整个育人过程中，在学生日常行为习惯养成中激发和培养他们的劳动意识，积极鼓励学生参与社会劳动，由此让学生学习和掌握一定的生活技能，并能够通过劳动树立责任担当意识	1. 2015年，《关于加强中小学劳动教育的意见》提出，要充分发挥劳动综合育人功能，以劳树德、以劳增智、以劳强体、以劳育美、以劳创新，促进学生德、智、体、美、劳全面发展 2. 2018年，全国教育大会指出，要坚持中国特色社会主义发展道路，培养德、智、体、美、劳全面发展的社会主义事业建设者和接班人	—

三、劳育校本课程开发的问题分析

（一）课程设置简单，易被取代

在我国，很多家长对劳育课程的重视程度不够，学校教育中也存在轻视、忽视劳育课程的现象。只有少部分学校开设了与劳育相关的课程。即使是设有专门的劳育课程的学校，其实际的实施情况也不容乐观。劳育课程的教学时间常常被其他课程所占用。随着劳育被大力提倡，中小学越来越重视劳育，但在校本课程开发方面的探索仍然不够。

（二）开展方式单一，流于形式

中小学里较常见的劳育活动是安排学生值日或大扫除。在这些未经精心设计的活动开展过程中，很多学生不能按时、按要求完成值日工作，或者随便应付，又或者逃避值日。在学生值日的过程中，没有教师指导或看管。大多数情况下，在值日完成后，教师进行检查，指出哪里做得不达标，让学生下次改正。有的学校会针对学生值日情况进行打分，但这种相对简单的要求和检查很难培养学生的劳动价值观，不符合劳育的初衷。

（三）偷换概念，未达目标

在一些劳育课程中，教师有时会布置劳动作业，如整理自己的房间、洗一件衣服。有些劳动作业超出了学生的能力，有些劳动作业以应对检查为目的，并没有真正考虑学生的能力提高。还有一些教师会要求学生以作文的形式汇报劳动情况。于是，劳育课程被扭曲成了作文讲评课。这偏离了劳育本身的轨迹和目的。

（四）脱离实际，缺乏联系

劳育引起学校重视值得欣喜，但应设计怎样的课程来具体落实？我们发现，有些课程脱离了学生的生活实际。让农村孩子放弃身边的除草、插秧、收割等农作劳动，去尝试种一棵盆栽等，是舍近求远、费力不讨好的盲目劳育，犯了严重的脱离实际的错误。当然，笔者不是说农村学校不能开发这类劳育课程，而是希望学校开发的劳育课程能够更加贴近学生生活。只有贴近学生生活的课程，才能让学生产生情感共鸣，激发学生的劳动情感。

（五）有劳无育，收效甚微

部分教育者依旧错误地把劳育等同于体力劳动教育。他们往往简单地引导学生进行几次体力劳动，如完成教室大扫除。这种错误的定义和认知势必导致劳育的失败。而且，过重的体力劳动会损害学生对劳动的感情，导致学生讨厌劳动，拒绝劳动。部分家长"只要孩子学习好，家务劳动不用孩子参与"的心态，大大削弱了劳育的育人效果。

四、劳育校本课程开发的改进建议

马克思认为，未来教育对所有已满一定年龄的儿童来说，就是生产劳动同智育和体育的结合，它不仅是提高社会生产的一种方法，而且是造就全面发展的人的唯一方法。[①]未来的劳育一定会指向人与社会的发展。学校应以劳动育人，以劳动促发展，以劳动促创造，以劳动创幸福，最终实现学生的全面发展。劳育校本课程作为实施劳育的主要途径，该如何开发和实施，劳育校本课程的发展之路又在何方，综合劳育的历史和现状，可以从以下几方面改进。

---

① 中共中央马克思恩格斯列宁斯大林作编译局.马克思恩格斯全集(第32卷)[M].北京：人民出版社，1998.

（一）体现育人价值

习近平总书记在2018年全国教育大会上强调，要培养德、智、体、美、劳全面发展的社会主义建设者和接班人，要教育引导学生尊重劳动、崇尚劳动，懂得劳动最光荣、劳动最崇高、劳动最伟大、劳动最美丽的道理，长大后能够辛勤劳动、诚实劳动、创造性劳动。有研究者认为，我们不仅要看到物质生产劳动，也要看到数字形式等各种非物质生产劳动，还要看到义务、责任、自立意义上的非生产劳动等，并在教育与劳动相结合的过程中，实现人自身的全面发展。①

学校开发劳育校本课程时，要充分发挥劳育的育人价值。新时代的劳育是学生品尝劳动幸福、懂得奉献付出、发现生命才华的人生观、价值观的教育。②以劳修身，通过劳育，增强学生的实践能力和生存能力；以劳立志，通过劳育，磨炼学生的意志和品格；以劳树德，通过劳育，引领学生关心他人和关爱集体。劳育校本课程的出发点并不是简单地灌输给学生劳动的观念，也不是单纯对学生进行劳动技能的训练，而是希望引导学生以劳动的双手触动心灵，让学生通过劳动体验奋斗、收获快乐，获得精神的成长、品格的浸润。

（二）构建课程体系

新时代的教育越来越注重培养学生的知识迁移能力。这种能力跨越学科界限，需要学生把不同领域的知识和技能整合起来，以满足自身未来发展、学习、工作和参与公共事务的各种需求。劳育校本课程应是几门学科的交叉和融合，教师应采取一种综合性、整体性、注重融会贯通的全课程教学模式，以创新课程提高学生的综合能力。学校在实施劳育校本课程时，要把劳动价值观渗透在所有涉及的学科中，对学校课程结构及其与劳动教育的关系进行论证和规划。教育管理者应建立从幼儿园到大学的劳育体系，突出劳育的地位。

（三）彰显创造精神

新时代的劳育要充分发挥创造价值。创造不是凭空想象，而是继承与发展。劳育要回顾历史，发扬优良传统。学校应充分挖掘当地富有特色的劳动产品或劳动形式，打造校本特色课程，把传统融入现代，把“老古董”变成“新时尚”。劳育要展望未来，与科技结合。学校应关注科技发展，培养学生的科学素养，挖掘学生发明创造的能力。学校可以

①② 马开剑.新时代劳动教育的新境界[N].中国教育报，2019-04-12.

根据科技发展的亮点和学生心理年龄特征，开设编程小达人、科技小创客等课程，让学生通过动脑、动手提升创新能力。

（四）链接幸福人生

放眼全球，不少国家把生活技能融于劳育，鼓励学生用所学技能改善生活。在芬兰学校开设的家政课上，学生会学习洗衣服、熨烫衣服、烹饪、洗碗、做木工等生活技能，这些劳动课程的开设使得学生在日后能够很好地独立生活。未来的劳育应教给学生生活所需的劳动知识和劳动技能，让学生成为爱劳动、爱生活、爱探索的社会成员，用劳动的双手描绘幸福的人生。

劳动创造世界，开创中国特色社会主义新时代、实现中国梦离不开劳动教育。通过梳理我国劳育校本课程的开发历程，我们可以更加清晰地了解和把握我国劳育的过去和现状，并进一步明确劳育校本课程的发展趋势。只有在实践中不断探索、反思和改进，我们才能最终实现以劳树德、以劳增智、以劳强体、以劳育美、以劳创新。

第五章

课程开发机制

在基础教育课程改革中，校本课程作为三级课程体系的重要组成部分，成为研究的热点和实践的关键点，其开发机制也成为学者探索的重点内容。校本课程开发由谁领导，如何规划，受何种因素影响，有哪些开发模式，这些问题的答案揭示了校本课程内在的开发机制。本章将重点探讨这些问题。

第一节　校本课程开发的领导

当前，中小学十分重视校本课程开发。很多学校会设专门的部门来负责领导和管理课程。本节将重点分析校长和教师对校本课程开发的领导。

随着领导思想和管理学科的发展，课程领导逐渐成了研究的热点。在西方国家，经过长期积累与发展，课程领导已经形成了较为成熟的理论。如美国、英国、澳大利亚、加拿大的学者对课程领导进行了广泛而深入的讨论。

早在20世纪70年代，美国就开始了对课程领导的零散研究。到了20世纪80年代，在学校内部效能运动的推动下，学校的课程领导引起了研究者和实践者的兴趣。美国实行以校长为核心的全国性课程管理。学者研究发现，优质学校对于课程的领导，不仅仅通过校长实现，还通过教师及其相关工作者实现。美国关于课程领导的研究对我国的启示是：课程管理与领导的工作主体由最初的领袖群体转变为最终的领导人群，课程管理与领导的职责由控制逐渐转变为指导，课程管理与领导的战略从实施行政命令权利延伸至课程谈判权利。① 英国很注重中小学校长课程意识和领导能力的培训，制订了“校长国家标准”计划，以培训一批实践性较强且工作很好的教师，同时，还启动了“青年领袖”计划和“教师领导与学校改进”计划。在澳大利亚，学校普遍重视校本管理或者自我管理，并且十分重视课程和学科教学活动领导能力。有关调查发现，澳大利亚十分重视教师在课程中的领导力问题，它充分地体现了学校的授权，使得教师能够充分落实对于课程中领导的思想和认知结构。② 澳大利亚的课程领导力主要具有以下几个特点：灵活多样的三级项目管理模型、课程引领者的间接性、学生强化的校本管理。③ 在加拿大，校长与教师在课程的领导方面彼此支持与合作。加拿大的课程具有以下特点：拥有多个教学大纲，强调选修班的教学内容和设置，让学生能够灵活控制自己的时间，大力开发科学课程。④

---

① 王艳玲.美国中学课程领导机制探微——以加州托马斯·杰斐逊高中课程咨询委员会为例[J].全球教育展望，2006(3).

② 吴岩.亨德森课程领导理论的教育含义[J].北京科技大学学报(社会科学版)，2007(3).

③ 许苏，张树德.澳大利亚三级课程领导体制述评[J].全球教育展望，2005(10).

④ 崔成前.加拿大中学课程领导模式及其启示[J].教学与管理(中学版)，2004(11).

一、校长课程领导力

1999年初，我国启动基础教育课程改革，开始探索推进三级课程管理体制。课程权利逐步下移，学校成为校本课程开发实践的主阵地。校长是学校课程开发的核心人物和带头人。他们的课程意识、专业知识和素养、课程设计和实践能力直接决定了校本课程开发的质量。因此，校长课程领导力逐渐成为推进课程改革的重要切入点。

不同学者围绕校长课程领导力进行了深入的探讨。同时，一些省市以项目研究的形式开启了课程领导力提升实践探索，如上海已经进行了若干轮的课程领导力研究。下面将对校长课程领导力的具体意蕴与构成要素、应然角色与实然样态、影响因素与提升策略等内容进行讨论。

（一）校长课程领导力的具体意蕴与构成要素

关于什么是校长课程领导力，目前学术界还没有明确、统一的定义。现有界定大致可以分为三类。一是能力说，这是学者目前比较认可的界定。陈玲和张家军从课程组织实施能力角度进行了界定，认为校长课程领导力主要体现在课程价值的理解、课程规划的引导、课程内容的研发、课程实施的组织、课程评价的指引、课程环境的创设六方面。[①] 上海市教委原副主任尹后庆从引领学校发展能力的角度进行界定，认为要组建以校长为核心的学校课程共同体，由该共同体根据培养目标和办学定位，领导学校课程设计、实施、评价和课程文化建设。[②] 二是过程说，主要是指校长在课程领导过程中与学校团队、学校教师相互整合、形成合力的动态过程。校长作为学校管理者，应通过个人专业能力、人格魅力引领学校成员在课程方面形成合力。师晓星从团队建设角度进行界定，指出校长课程领导力是校长引领团队进行决策，对学校的课程实践进行调控、驾驭的能力。[③] 唐盛昌从学校实践的角度进行分析，把校长的课程领导力理解为校长在实践中综合运用各类课程资源与灵活实施各类领导的能力。[④] 三是品质说，主要是指对课程品质、教师、学生及校长自身的价值。夏禄祥指出，校长作为课程领导者在课程实践中吸引和影响教

---

① 陈玲，张家军.论校长课程领导力的提升[J].教育与教学研究，2016，30(3).

② 沈祖芸.校长课程领导力：当前基础教育内涵发展的重大命题——访上海市教育委员会副主任尹后庆[J].基础教育课程，2010(12).

③ 师晓星.提高校长课程领导力的思考[J].辽宁教育研究，2008(4).

④ 唐盛昌.略论校长的课程领导力——基于学校实践的视野[J].上海师范大学学报(基础教育版)，2006，35(3).

师及其利益相关者改善学生学习品质、提升课程质量。[①] 陈水英等学者也持类似观点。此外，有学者提出，校长课程领导力可以从理论和操作两个层面进行界定，其不仅是一种能力，还是一个过程、一门艺术。[②]

总体来看，校长课程领导力的构成要素可以分为两大类。一是聚焦狭义的课程领导领域，认为校长课程领导力主要体现在校长对课程的规划、设计、实施、评估等方面。有学者指出，校长课程领导力主要表现为课程准确理解力、组织开发力、指导执行力、监控评估力、环境创设力。[③④] 有学者指出，校长课程领导力主要涉及课程结构的设置、课程实施的组织管理、课程评价的组织指导、课程资源的统筹运用、校本课程开发的组织协调指导等方面。[⑤] 有学者从方向、力度、效能三个维度入手，认为校长课程领导力由成就动机、领导风格、行为影响等构成。[⑥] 二是从广义的课程领导领域出发，认为除了狭义的构成要素外，还包括合理的管理制度、学校文化建设、团队建设等内容。有学者指出，制订科学的课程计划、制定合理的管理制度、发挥学校文化的引领作用是校长实现课程领导力的三个重要着力点。[⑦] 有学者指出，校长课程领导力提升的一个重要方面是努力构建学校课程开发的教师共同体。[⑧] 有学者指出，校长课程领导力主要包括系统思考的能力、组织变革的能力、行动研究的能力。[⑨]

（二）校长课程领导力的应然角色与实然样态

对于校长在课程领导力中的应然角色，学者大多强调校长要从“行政权威”变为“专业领导”，成为学校课程的引领者与决策者。如有学者认为，校长在课程整合推进中，至少需要扮演好五种角色，即课程整合的领导者、课程整合的规划者、整合活动的全程参与者、课程整合的促进者、课程整合的服务者。[⑩] 有学者基于人本主义视角分析了校长在课程领导中的作用，指出校长是学习的促进者、和谐关系的维护者。[⑪] 有学者指出，在课

---

① 夏禄祥.论校长课程领导力的提升[D].河南大学，2008.

② 张瑜.校长课程领导力的研究——以上海市青浦区第一中学为例[D].上海师范大学，2012.

③ 许丽丽.高中校长课程领导力探究[D].广西师范大学，2012.

④ 力昌英.校长课程领导力的现状及应对[J].教学与管理，2014(3).

⑤ 周柳贞，夏雨娟.试论中小学校长的课程领导力[J].上海教育科研，2009(3).

⑥ 陈静，申卫江，茶世俊.校长有效课程领导力的要素探析[J].成人教育，2004(12).

⑦ 徐向东.校长课程领导力提升的着力点——课程计划、制度保障与文化引领[J].思想理论教育，2011(20).

⑧ 张世钦.论校长课程领导力的构架与建设[J].中小学教师培训，2013(1).

⑨ 丁元春.课程领导力：新时代校长的“核心素养”[J].人民教育，2018(9).

⑩ 孙镜峰.提升校长课程领导力的实践与探索[J].基础教育课程，2015(24).

⑪ 潘昊良，刘涵.校长课程领导力的理解与建构——基于人本主义理论的思考[J].湖北师范大学学报(哲学社会科学版)，2020，40(3).

程改革推进过程中，校长不仅需要从行政的视角去负责课程及其标准在学校的实施，还需要从专业的视角发挥领导教学的作用，主要体现为校长课程价值观的转变、校长课程决策模式的转变、校长课程实施路向的转变。①

有学者深入分析了校长课程领导力的现有水平，发现校长课程领导力应然角色与实然样态存在较大差距。如有学者通过对江西省300名中小学校长的调查发现，江西省中小学校长课程领导力大多处于中等水平，主要表现为：校长对课程的理解力较低且差距较大，创设力非常差，开发力和评估力总体水平较高但差距较大，执行力则较强。② 有学者通过问卷调查和深度访谈，发现湖南省义务教育学校校长课程领导力总体处于中等偏上水平，同时存在明显的维度差异，表现为"强组织实施、弱方案设计"，究其原因，是受到了性别、年龄、学历、学校规模和学校位置等因素的影响，或者可以归结于城乡教育差异。③ 有学者指出，我国校长课程领导力存在缺乏"校长课程领导力"理论认知力、培训体制欠缺、运行机制不完善、理论与实践难以结合等问题。④ 有学者指出，部分校长存在领导意识淡薄、专业知识缺乏、领导技能不足、缺少课程领导能力等问题。⑤ 不少学者还深入分析了校长课程领导力出现困境的原因。有学者认为，这是由于校长职责定位发生偏差、学校间的"同质化竞争"、缺乏科学合理的评价机制、校长选拔机制存在问题等造成的。⑥

（三）校长课程领导力的影响因素与提升策略

哪些因素造成了校长课程领导力的应然与实然差距，不同学者或从校长的个人特质角度进行探讨，或讨论了学校类型、学生规模、学校组织文化等因素与校长课程领导力的关系。如有学者基于菲德勒权变理论，指出情境性是校长课程领导力不可忽视的关键点，而教师课程素养、学校课程发展水平、学生课程适应程度是影响校长课程领导力的主

---

① 王洁，沈祖芸.用课程办好每一所学校——提升校长课程领导力的学校样本及其提升路径分析[J].基础教育课程，2010(12).

② 高玉娥，谭诤.中小学校长课程领导力建构策略研究——以江西省为例[J].重庆第二师范学院学报，2016(1).

③ 周东宁.义务教育学校校长课程领导力研究——基于湖南省694位校长的实证分析[D].湖南师范大学，2014.

④ 刘春飞.如何提升我国校长课程领导力探析[J].黑龙江生态工程职业学院学报，2016(4).

⑤ 马振彪.校长课程领导实然样态反思与应然角色回归[J].教学与管理，2018(6).

⑥ 王越明.有效教学始于校长课程领导力的提升[J].中国教育学刊，2010(3).

要课程情境变量。[①] 有学者认为，校长课程领导力受三方面因素影响：一是校长自身因素，主要是“知性”（校长对课程政策目标、新课改理念的认识与理解，校长对课改关键问题的发现与意识能力）、“行性”（校长实施课程政策、实现政策目标的能力，包括把课程政策具体化的能力与创新能力）；二是学校因素，主要包括教师、学生、课程资源、激励机制等；三是社会因素，主要包括教育行政部门的监督、监控、评价因素，校长与教师的培训工作因素，社会舆论的压力因素。[②] 有学者指出，校长课程领导力与教育的有效性存在非常紧密的内在逻辑关系，校长的课程领导力会直接影响教学的有效性。[③]

学者普遍认为，提升校长课程领导力是一个长期的实践过程。如有学者通过走访上海 109 所中小学，发现校长课程领导力的提升是一个行动中学习和研究的过程，是一个循序渐进的过程。此外，学者还通过理论分析和实证研究给出了具体的提升策略。

1. 加深校长对课程领导力的理解和认识

理念是行动的先导，加深校长对课程领导力的理解和认识是提升校长课程领导力的关键。有学者指出，校长要不断提高自身的价值思想领导力，思考“为什么改”“改的意义和改的价值何在”等问题，用价值思想引导、组织、管理、评价课程改革和课程建设，在深入思考中找到科学的实施路径。[④] 有学者指出，新课程改革需要校长从“自在”走向“自为”，成为有效能的领导者。[⑤] 有学者认为，应促进中小学校长课程领导角色转变，实现“教育者”“领导者”“行政者”三重角色观的整合。[⑥] 有学者指出，校长要有积极的成就动机，要有理想和使命，有坚定的教育信念与价值认同，形成自己对课程的理解与认识。[⑦] 有学者指出，校长对课程的理解力主要表现为校长能够正确理解国家课程并进行校本实施，准确理解校本课程。[⑧]

2. 提升校长的专业能力

专业能力是校长课程领导力的基本要求。校长要扮演好课程领导者的角色，必须具

---

① 颜晓程，吕立杰.情境匹配的校长课程领导方式建构——基于非德勒权变理论的分析.[J].教育理论与实践，2019(4).

② 王永丽.中学校长的课程领导力研究——基于教育部高中新课改实验省(市)样本校校长的调查[D].华东师范大学，2009.

③ 谢建丽.校长课程领导力与教学有效性的相关性研究[J].教育观察，2019，8(42).

④ 程岩.校长课程领导力思考与实践[J].大连教育学院学报，2020，36(4).

⑤ 李朝辉.从管理走向领导——小学校长课程领导的个案研究[D].东北师范大学，2006.

⑥ 王怡.中小学校长的课程领导及其专业发展[J].教育探索，2009(5).

⑦ 陈静，申卫江，茶世俊.校长有效课程领导力的要素探析[J].成人教育，2004(12).

⑧ 周柳贞，夏雨娟.试论中小学校长的课程领导力[J].上海教育科研，2009(3).

有较强的专业权威，而校长的专业权威来自校长的专业能力。因此，校长要把提升专业能力作为一项重要工作。有学者认为，校长课程领导力表现为校长对课程有关理论和技能的掌握情况，主要包含课程设计原则、培养目标、内容架构、实施过程、评价方法等理论知识，以及整合技能、实施技能、开发技能、监控技能等实践技能。[①] 有学者指出，应促进校长对课程专业知识的学习，使校长把握课程发展的动态，提高教育哲学与教育社会学的修养，系统理解课程的育人功能，在课程实践中提升洞察力，了解学校内部成员的期望。[②] 有学者认为，可以通过改进培训内容、创新培训形式、鼓励实践反思来突出课程方案设计培训，并鼓励校长通过“实践—反思—实践”这一循环反复的过程提升课程领导力。[③]

3. 关注校长对课程的规划、实施和评价能力

课程领导是一种专业行为，也是校长课程领导力的核心。很多学者对课程领导进行了探讨。如有学者指出，要善于“顺势、造势、导势”，明确行政人员、教师、学生和家长的角色，并就如何运作达成共识、形成制度，使课程改革工作持续下去。[④] 有学者指出，要制定学校课程开发与发展规划，提升教师开发校本课程的能力，诊断课程实施过程，及时评价。[⑤] 有学者认为，要想提升校长课程领导力，就要重塑校长课程领导行为，让校长有效诊断学校的课程情境，判断自我课程领导类型，从而调适、匹配课程领导方式。[⑥] 有学者指出，可以从优化制度的角度来改进校长的课程领导行为，如建立民主、合作、交流的课程领导机制，建立课程领导评价体系，树立开放的课程资源观。[⑦]

一些省市开展了相关的实践探索，在课程规划、实施和评价等方面提出了一些具体的政策。如2009年，上海市教育委员会通过课程领导实践，提出了一系列的举措，包括以学校课程计划为抓手提升课程规划能力、以提高教学有效性为突破口提升课程实施能力、推进校外教育资源课程化、提升资源开发能力等。[⑧]

---

① 马振彪.校长课程领导实然样态反思与应然角色回归[J].教学与管理，2018(6).

② 王旭阳.校长课程领导力研究[D].沈阳师范大学，2014.

③ 周东宁.义务教育学校校长课程领导力研究——基于湖南省694位校长的实证分析[D].湖南师范大学，2014.

④ 余进利.校长课程领导：角色、困境与展望[J].课程・教材・教法，2004(6).

⑤ 张世钦.论校长课程领导力的构架与建设[J].中小学教师培训，2013(1).

⑥ 颜晓程，吕立杰.情境匹配的校长课程领导方式建构——基于菲德勒权变理论的分析[J].教育理论与实践，2019(4).

⑦ 王双喜.提升校长课程领导力：困境与破解策略[J].继续教育研究，2012(8).

⑧ 上海市教育委员会.提升校长课程领导力 进一步深化课程改革[J].基础教育课程，2009(11).

4. 注重学校团队建设

脱离学校团队，校长课程领导力就无从谈起。因此，学者把学校团队、文化建设作为校长课程领导力的重要内容进行了深入探讨。有学者指出，校长课程领导力提升的一个重要方面是努力构建学校课程开发的教师共同体，因此，要培养团体责任感，形成目标共识；培养反思力，形成新的共识价值观；提升个体的领导素养，增强其他共同体角色的执行力。① 有学者指出，校长要为教师参与课程领导提供民主、开放、协力、合作的氛围，组建强有力的教师研究团队，共同探究课程问题。② 有学者指出，可以把课程集体审议制度作为课程领导的决策制度。③

在分析团队建设时，学者重点探讨了学校文化建设的影响。有学者指出，课程文化的构建力是校长课程领导力的归宿和落脚点，校长要激励全体成员产生一种自觉和内驱力，共同构建以人为本、团结合作、主动发展和务实创新的课程文化。④ 有学者认为，要确立“以人为本”的学校文化精神和构建“学校即家园”的制度文化。⑤

5. 强化外部支持

校长课程领导力的提升不仅涉及校长自身、学校等内部因素，还涉及上级的政策指导、专家的专业培训指导、社会舆论评价等外部因素。有学者认为，校长要运用变革型领导技巧，争取上级教育行政部门的支持，促进学校与社区、家长委员会的有效沟通，争取课程专家及学者的专业引领，统筹建立外部支持系统，尽可能消除外部阻力。上海市教育委员会提出了校长课程领导力的助推机制，包括加强保障、完善课程标准、建设符合新课程理念的评价体系、搭建资源平台等。⑥

综上所述，校长课程领导力的理论研究和现状分析较为丰富，在理论基础框架和实证研究等方面的探讨还相对较少。目前，缺少影响因素与校长课程领导力的相关性分析，使得部分学者的研究针对性不足。从理论探索走向实证研究，从质性分析走向定量分析，从单一维度走向模型建构是未来校长课程领导力研究的重点与趋势。

---

① 张世钦.论校长课程领导力的构架与建设[J].中小学教师培训，2013(1).
② 钱丽欣.校长课程领导力的提升路径[J].人民教育，2016(24).
③ 马振彪.校长课程领导共同体的价值探讨与构建策略[J].教学与管理，2019(9).
④ 夏心军.校长课程领导力：学校特色发展的应然选择[J].教育理论与实践，2012(2).
⑤ 孙向阳.校长课程领导力：从“个力”走向“合力”[J].江西教育科研，2007(11).
⑥ 上海市教育委员会.提升校长课程领导力 进一步深化课程改革[J].基础教育课程，2009(11).

二、教师课程领导力

在我国，随着课程体制改革的不断深入，尤其是三级课程管理体制实行以来，关于教师课程领导力的研究日渐增多。从目前的总体情况来看，对于教师课程领导力的研究尚不构成体系，现有的研究比较分散和零碎。从研究主体来看，我国更偏重校长课程领导力研究，相对忽视教师课程领导力研究。从研究内容来看，我国较少关注教师课程领导力与学校发展、学生发展的密切联系。从研究模式来看，我国学者大多采用简单的描述性统计，还没有形成一定的实用模型。因此，需要结合我国的实际，进一步梳理教师课程领导力的内涵与表征，明确教师课程领导力的理论基础，在此基础上，探讨教师课程领导力的相关问题以及提升路径。

（一）教师课程领导力的内涵与表征

要想明晰教师课程领导力的内涵与表征，首先需要分析领导力与课程领导的概念，在此基础上分析教师课程领导力的意蕴。

1. 领导力的内涵

对于领导力，中外学者有不同的理解。有学者指出，领导力是一种最易观察到却又最不易被理解的现象。有学者认为，领导力在社会科学研究中是被研究得最多，却被理解得最少的主题。目前，学者对于领导力还没有形成统一的定义。我们可以从表 5-1 中的几个维度来理解领导力。

表 5-1　不同维度的领导力阐释

维度	提出者	阐释
从过程的角度进行定义	约翰·加德纳(John Gardner)	领导力是指领导者个人(或团队)为实现领导者自己及其追随者的共同目标，而通过说服或榜样作用激励某个群体的能力
从能力的角度进行定义	1. 本尼斯(Warren G. Bennis) 2. 库泽斯(James M. Kouzes)和波斯纳(Barry Z. Posner)等 3. 霍国庆等	1. 本尼斯认为，领导力是领导者把愿景转化为现实的能力 2. 库泽斯和波斯纳等认为，领导力是领导者如何激励他人自愿地在组织中取得卓越成就的能力 3. 霍国庆等认为，领导力是支撑领导行为的各种领导能力的总称

（续表）

维度	提出者	阐释
从影响力的角度进行定义	1. 约翰・马克斯韦尔(John C. Maxwell) 2. 海菲兹(Ronald Heifetz)	1. 约翰・马克斯韦尔认为，领导力即影响力 2. 海菲兹认为，现代领导力的核心是富有驱动力和影响力，并且可归纳为最终影响力
从领导力构成要素的角度进行定义	1. 童忠贤 2. 中国科学院领导力课题组	1. 童忠贤认为，与作用于自然界的力量一样，领导力表现为“一群力”，即一个“力系”。具体来说，领导力主要由领导注意力、领导激励力、领导决断力、领导驾驭力和领导摩擦力构成。五类领导力相互关联，相互作用，构成一个有机联系的力的集合 2. 中国科学院领导力课题组认为，领导力是领导者在特定的情境中吸引和影响被领导者与利益相关者，持续实现群体或组织目标的能力

2006 年，中国科学院领导力课题组在借鉴中外领导力研究相关成果的基础上提出了领导力概念模型。该课题组认为，领导力是领导者在特定的情境中吸引和影响被领导者与利益相关者，持续实现群体或组织目标的能力。他们提出了领导力“五力”模型，即前瞻力、感召力、影响力、决断力、控制力。其中，前瞻力是指群体或组织制定目标和战略的能力；感召力和影响力是指群体或组织吸引和影响被领导者的能力；决断力和控制力是指群体或组织实现目标的能力。该课题组认为，“五力”模型是对领导力一般规律的概括，超越了组织类型、领导情境、领导目标、国别或地区、时代、追随者类型等，具有普适性。

2. 课程领导的内涵

Leadership 这个单词常常被简单地翻译成“领导”或“领导力”。课程领导的概念，由美国的哈里・帕索(A. Harry. Passow)在 1952 年提出。在我国，杨明全在《中小学校长课程领导的讨论》中较早谈到课程领导。此后，课程领导成为我国的研究热点，得到持续的关注。

有学者分析了 2004 年之前国内外学者对课程领导内涵的界定，把课程领导视为领导者与追随者的互动过程，并指出，课程领导是课程与领导两范畴的结合，课程领导中的领导者必须运用领导的理论、方法与策略来完成课程设计、课程实施、课程评价等任务。课程领导必须打破原有的指令型的管理思维模式，把课程活动视为课程领导者与追随者共同探究课程问题的互动过程。[①] 有学者从领导者与追随者、领导领域、概念的逻辑归属和价值等角度分析了课程领导，并指出，课程领导是指课程领导者与追随者在课程事务上通过互动而相互影响，以促进教育组织中的人、事、物共同发展的过程。[②]

从以上分析可见，课程领导的本质在于通过课程领导更好地增进学生的学习品质。它要求打破传统课程活动中以指令、监督、控制为主的管理模式，强调更多地运用领导的理论、方法与策略来完成课程设计、课程实施、课程评价等任务，最为关键的是把课程活动视为一种课程领导者与追随者共同探究课程问题的互动过程。[③]

3. 教师课程领导力

现有的研究主要是从以下几个维度来理解和界定教师课程领导力。

一是从课程能力维度进行定义。有学者认为，教师课程领导力主要是指一个教师对于课程体系和其他课程行为的理解与认知，是对课程的设计与实施进行系统性把握，表现为课程的理解力、课程的设计力和课程的实施力。[④] 有学者认为，教师课程领导力主要是指教师基于学生个体解读国家课程规划、当地的课程规划和本校课程规划的能力，是基于学生个体理解、设计、实施各种个性化课程的能力，以及进行专业课程测试的能力。[⑤]

二是从技能维度进行定义。有学者提出，教师课程领导力主要包括课程技术和人际沟通技能。课程技术主要包括基础知识、专业技术能力和相关的专业考试。人际沟通技能主要包括与同事及外部人员沟通交流的技能。[⑥]

三是从影响维度进行定义。有学者认为，教师课程领导力是指在学校情境下，教师在实现课程质量提升、自身专业发展、学生学习质量提升、学校组织重构等过程中，因专业知识和综合素质相互影响所形成的影响力。[⑦]

四是从构成要素维度进行定义。有学者认为，教师课程领导力是指为了实现课程愿景，提升学生学习品质，教师在课程设计、开发、实施和评价等过程中，对课程活动相关成

---

① 沈小碚，罗人会.课程领导问题探析[J].教育研究，2004(10).

② 董小平.教师参与学校课程领导：意蕴、缺失与构建[J].中国教育学刊，2008(5).

③ 黄云峰，朱德全.教师课程领导力的意蕴与生成路径[J].教学与管理，2015(4).

④ 王钦，郑友训.新课程背景下的教师课程领导力探析[J].教学与管理，2013(7).

⑤ 汪振兵.基于学生个体的个性化教育能力——对教师课程领导力的理解[J].现代教学，2011(7).

⑥ Colin Marsh. Reconceptualizing School-based Curriculum Development[M]. London: The Falmer Press, 1990.

⑦ 熊鑫.小学教师课程领导力[D].西南大学，2011.

员进行引领和指导的能力。教师课程领导力是一个力系，主要由课程设计领导力、课程开发领导力、课程实施领导力、课程评价领导力构成。[①] 其实质是要求教师对“为何而教”“教什么”“怎么教”“教得怎么样”等问题有深刻的思考和准确的把握，由此实现从知识的传授者向课程的领导者转变。

（二）教师课程领导力的理论基础

如何理解学校中的教师课程领导力？分布式领导理论是促进教师课程领导力发展的重要理论。20 世纪 90 年代末期，美、英、澳等国纷纷进行了分布式领导理论的研究。这种领导理论因强调领导的分布和群体领导，受到许多学者和专家的关注。分布式领导理论鼓励成员在分权中共同承担领导责任，带领所有的成员实现组织的目标。它强调领导的实现是领导者与其他因素交互作用的结果，而不仅仅是少数人的领导行为。

关于分布式领导理论的内涵，可从三方面进行理解：(1)领导不是单个人的事，而是分布于整个学校成员中；(2)分布式领导不是自上而下的单个人的领导，而是多个领导者互相协助与合作；(3)分布式领导是领导者、追随者与情境的交互作用，随着情境的变化，权利在领导者和被领导者之间转化。斯皮兰(James P. Spillane)认为，实践、交互作用和情境是构成分布式领导的核心因素。领导实践是中心和基点。领导实践发生于领导者、追随者与情境的交互作用中。分布式领导模型具体见图 5-1，三角形的三个顶点分别代表领导者、追随者与情境，它们共同组成领导实践，而多个三角形则强调领导实践随情境的不同而动态变化。[②]

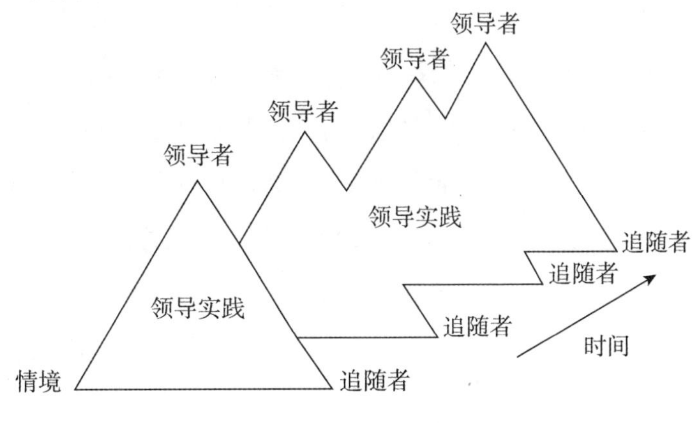

图 5-1 分布式领导模型图

① 黄云峰，朱德全.教师课程领导力的意蕴与生成路径[J].教学与管理，2015(4).

② 陈永明，等.教育领导学[M].北京：北京大学出版社，2010.

分布式课程领导把分布式领导理论运用到课程领导中，强调每一位教师都能成为课程领域的领导者，反对校长或某一位领导的个人英雄主义。分布式课程领导必须经过“团队”，才会形成领导者和追随者良好的人际关系。经过团队的领导，学校中的教师都能发挥课程领导的作用。分布式课程领导的要素包括：出现“领导者—追随者”的人际关系；基于共同愿景；遭遇课程问题；出现有引领意义的问题解决行为。①

（三）教师课程领导力的相关问题

教师课程领导力的发挥，是学校课程持续内涵化发展的必然要求，也是教师实现自身专业发展的必然要求。但在实践中，教师课程领导力的发挥遇到了一定的阻碍。这些阻碍主要包括以下几方面。

1. 学校内部管理体制的不支持

现行管理体制以科层制为主。在科层制下，教育组织也有一套自上而下的权力系统。学校作为教育组织，表现出简单的科层式、制度化的管理体制形式。这种简单的科层式管理制度存在很多问题，如教师的权利被忽视，教师参与课程领导的积极性大大降低。②③ 在这样的管理体制下，教师仅仅充当着课程实施者的角色，对于课程的其他事务，如课程的规划与设计、课程的过程性管理、课程的评价等缺乏良性参与。随之，出现了规划者和实施者沟通不畅、理解不一致的问题，不利于课程的实行。正是因为这种管理体制，教师置身于课程事务之外，做着“技工”的工作。

2. 教师课程领导角色冲突的制约

在学校管理体制影响下，教师往往承担着单一的角色。在教师对自身的认知不够明确的情况下，要求教师行使课程领导权力，往往会给教师带来角色冲突。这种角色冲突既有角色间冲突，也有角色内冲突。④ 角色间冲突主要体现为以下几种情况：课程领导者与作为追随者之间的冲突；课程开发者与课程实施者之间的冲突；教师个体专业发展与同伴帮助之间的冲突；学生学习的指导者与学习共同体的营造者之间的冲突。角色内冲突表现为：校内外不同利益相关者对教师课程领导这一角色的不同期望引起的冲突；社会角色定位和个体自身表现引起的冲突；角色本身的课程意识、影响力等局限引起的冲突。

---

① 张菊荣.学校活力的源泉：对分布式课程领导的认识与实践[J].当代教育科学，2015(24).

② 李臣之，王虹.“校本课程”开发：实践样态与深化路径[J].教育科学研究，2013(1).

③ 叶丽萍，朱成科.我国教师课程领导力提升的困境及其出路[J].当代教育科学，2014(8).

④ 熊鑫，康涛霞，钟兴泉.教师课程领导的角色：冲突与调适——基于社会学视角的分析[J].教育导刊，2011(2).

3. 教师课程领导力各实践主体关系不和谐

教师在学校课程领导过程中的作用往往无法充分发挥出来，其中一个重要原因是教师无法对其参与学校课程领导的行为进行准确定位，无法恰当处理课程事务中不同主体的关系。就目前与教师课程领导力相关的实践来看，存在的主要问题是教师与校长、其他教师、学生等主体因课程领导相关问题而关系不和谐。主要表现在：作为课程领导者的教师与以往独立行使课程领导权的校长形成了相互防范的关系；在学校课程领导过程中，教师在课程权运作上关系相互疏离；教师在课程领导过程中或因其独断专行造成学校课程缺失有效领导。①

（四）教师课程领导力的提升路径

1. 建立学校内部的支持体系

受传统学校内部管理体制的影响，教师课程领导力的发挥得不到有效的体制机制保障。因此，学校需要改变内部管理体制，转科层制为扁平的管理机制，把课程领导的权力赋予教师，让教师拥有领导课程事务的权力，鼓励教师积极参与学校的课程事务。学校应通过调查了解教师的课程领导现状，据此开展教师个性化培训，采用浸入式的培训方式，提高教师的课程领导能力。学校应建立教师课程领导力发挥的诊断与评价机制，及时了解现状，采取相应措施，推动教师发挥课程领导力。在评价中，学校应建立由骨干教师参加的评价项目组，对教师课程领导力的发挥进行评价，提出改进的建议。同时，学校要赋予教师自主评价的权力，让教师自我评估与诊断，从而实现自主改进与提升。

2. 在角色重建中破除“掣肘”

对于教师来说，缓解教师课程领导角色冲突的关键在于：通过课程领导角色的学习，提升课程领导的专业能力，增强角色适应能力；以积极开放的心态共建合作开放的教师文化，构筑教师课程领导的生态环境。② 而课程领导角色的学习、专业能力的提升、心态的开放，需要教师自身的努力，更需要学校营造良好的课程生态环境。学校要依靠团队的力量，在充分干预和准备的基础上引导教师自主转变角色。学校要为教师实施课程领导减轻负担，组织学习与培训，帮助教师提高对课程领导的角色认知，增加教师对角色的心理适应。总而言之，在教师课程领导力实践中，教师自身与学校管理层需要共同努力，

---

① 张佳洁.教师参与学校课程领导的意义、困惑与路径[J].教学与管理，2018(12).

② 熊鑫，康涛霞，钟兴泉.教师课程领导的角色：冲突与调适——基于社会学视角的分析[J].教育导刊，2011(2).

逐渐消解冲突的关系，进行角色重建，从而更好地发挥教师的课程领导力。

3. 营造合作伙伴式的团队文化

学校需要从构建团队入手，积极营造合作伙伴式的团队文化。学校要尊重教师的独立人格，建立团队成员的良好沟通渠道，注意发挥团队成员的积极性和主动性，注意在团队中营造合作伙伴式的文化，把课程领导组织建构成一个学习型组织。[①] 在学习型组织中，为了发挥教师的课程领导力，需要从五方面进行思考[②]：(1) 教师要积极参与学校课程发展的现状分析，对课程发展的体制、资源、文化、交往状态等进行全面的把握；(2)教师要参与学校的课程发展愿景设计，根据对现状的分析，明确课程发展的目标与方向；(3)教师在参与课程决策和实施时，要主动积累课程领导的经验，不断提升自身的课程领导力；(4)学校要变革现有课程组织，调整课程事务上的结构关系，建立一些灵活可变的课程团队，使教师获得课程权力，并能相互对话与讨论，参与课程事务决策；(5)学校要持续提供智力支持，尤其是提供支持的环境或者氛围，让教师通过经常性的对话、讨论来相互学习，提升课程领导力。

教师课程领导力的提升，对于教师和学校来说都十分重要，但在实践中却出现了一些具体的问题，主要涉及三方面：一是学校内部管理体制的问题，主要表现在赋权增能和支持环境方面；二是教师在实施课程领导力过程中的角色冲突，包括角色间冲突和角色内冲突；三是教师对主要关系的认知与处理问题，表现为主体间关系的不对等和不和谐。基于以上问题，我们认为，要想提升教师的课程领导力，学校需要改变内部管理体制，让课程的领导权可以分布到每一位教师身上；学校要建立参与课程事务决策的支持体系，让教师可以民主地参与，创造性地介入课程领导事务。除此之外，学校要引导教师认同自身角色，积极投身学校的课程领导事务，与学校一起营造合作伙伴式的团队文化。

第二节　校本课程开发的规划

三级课程管理体制提出后，学校获得了更多的课程决策权。在三级课程管理体制保障下，随着课程民主化理念的兴盛，课程执行力的呼唤以及学校持续改善的需要[③]，学校课程规划逐渐成为研究者和实践者比较关注的领域。除了政策落实的需求，学校的课程

① 徐君.从课程管理到课程领导：课程发展的必由之路[J].课程·教材·教法，2005(6).

② 董小平.教师参与学校课程领导：意蕴、缺失与构建[J].中国教育学刊，2008(5).

③ 崔允漷.学校课程规划的内涵与实践[J].上海教育科研，2005(8).

规划体现了学校整体发展的价值，反映了课程管理制度变革的要求，实现了学校有效实施国家课程和开发校本课程的目的。[①] 当下，学校承担着建设高质量教育体系和开展教育综合改革的重任，只有对课程的统整、实施、评价等都进行合理的规划，才能让课程发挥促进学生全面而有个性发展的功能。因此，有必要梳理清楚学校课程规划的现状、问题，找到进一步改进的策略，深入推动基础教育课程改革。

为了更好地研究这一问题，本节主要采用文献研究法对核心期刊的研究文献进行分析。笔者在S市某区选取10所小学，每校选取3位教师进行访谈。访谈对象主要分为课程分管领导、骨干教师、普通教师三个层次，尽量包括参与课程的各类教师。访谈采用面对面一对一访谈和电话一对一访谈的方式进行。访谈的内容包括教师基本情况、对学校课程规划的认识、学校课程规划存在的问题、学校课程规划的改进建议等。最后，笔者使用内容分析法对访谈的结果进行了分析。

一、学校课程规划的内涵及特征

课程规划既是动词又是名词。作为动词，它是指对课程进行较长期的、全面的、系统的筹划的过程；作为名词，它是指这种过程的结果，通常是形成一个课程规划文本（在我国称为课程方案、课程计划、教学计划等）。[②] 学校课程规划是学校整体发展规划的重要组成部分。有学者认为，学校课程规划就是学校对本校的课程设计、实施、评价等进行全面的规划。[③] 有学者进一步提出，学校课程规划是在学校情境中，从学校的实际情况出发，有效落实国家和地方各项课程政策的过程，是对学校的课程设计、实施、评价进行的全面规划。[④] 这两种认识把学校课程规划的主体定位为学校。还有学者建构了一个完整的学校课程规划框架，包括建立愿景、提升学校课程领导力、制定教与学的政策、提出适切的课程、编制学校课程方案和行动方案、监控与评价等内容。[⑤] 这是从学校课程规划的构成要素和过程角度来界定的。综合分析以上观点，可以从五个维度来理解学校课程规划。

（1）主体是学校。学校课程领导的核心工作是学校课程规划。学校要根据课程政策等要求，主动拟定学校课程规划方案，谋求学校的课程发展。所以，学校课程规划的主

---

① 和学新，乌焕焕.学校课程规划的内涵与价值追求[J].教育学术月刊，2010(5).

② 丁念金.课程内涵之探讨[J].全球教育展望，2012(5).

③ 崔允漷.学校课程规划的内涵与实践[J].上海教育科研，2005(8).

④ 周文叶，刘丽丽，崔允漷.学校课程规划个案诊断研究——基于Rasch模型的分析[J].当代教育科学，2017(5).

⑤ 徐高虹.课程规划：学校层面的课程实施[J].教育发展研究，2008(15).

体只能是学校，国家和地方均不能代替。

（2）依据是政策。学校课程规划具有很强的政策制约性，学校要依据国家的课程政策进行规划，不能随意更改或删减，要思考如何进行有效的校本化实施。

（3）灵魂是文化。学校课程规划要以学校为本，重视学校的课程传统、课程改革与创新、实际情境与资源，重视教师的实际情况与需求。尤为重要的是，学校要重视本校的文化、教育哲学、育人目标、愿景与使命。

（4）关键是对话。学校课程规划中最为关键的是建立民主对话机制。为了体现民主，理论工作者、实践工作者之间需要进行广泛且深入的对话。

（5）过程是生成。学校课程规划是对学校课程设计、实施、评价的全面规划，包括对学校场域内全部课程的规划和对全部课程的全流程规划。而且，学校课程规划要随着课程实践进行持续调适与改进。可以说，学校课程规划是一个动态完善、不断生成的过程。

二、学校课程规划的问题剖析

在理解学校课程规划的内涵及特征后，笔者通过访谈深入了解学校课程规划存在的问题。学校课程规划问题主要表现在五方面。

（一）文化与课程的逻辑割裂

学校课程规划最外在的体现就是课程规划方案，很多学校只有课程计划，而无课程规划。从文本上来看，有课程规划的学校中，有些也只是把国家课程、地方课程和校本课程放进了规划文本给定的板块里，对国家课程缺乏校本化的实施要求与建议。部分学校的校本课程开发体系混乱，尤其表现在校本课程与学校整体的育人文化、办学理念和育人目标关联度不高。一些学校还停留在依据教师的特长开发课程的阶段，而不是依据学校的文化进行课程统整。

（二）知识与内容的实践错位

学校课程规划必然涉及“选择什么样的知识组织课程内容”这一问题。课程规划者对知识的认识与理解至关重要。也就是说，课程规划者的知识观会影响课程内容的选择与组织。时代在变化，知识也在迅速革新，但部分课程规划者的知识观却依然停留在原有的水平上，他们没有对相关知识进行梳理，所选择的课程内容与知识的更新迭代存在错位。这样，课程内容必然会缺乏新意，无法满足时代发展的要求和人才培养的需要。

（三）民主与对话的隐匿缺失

很多课程规划听起来非常精彩，但教师却不认同。作为行动者的教师在没有深入理解为什么要做的情况下就采取行动，容易导致行动流于形式。[①] 因此，如果教师对相关内容缺乏充分的认知，学校课程规划的文本就容易被束之高阁，学校课程规划的实施也会引起教师的抗拒。尤其是自上而下的课程规划模式，会让教师处于被动执行的地位，无法调动教师的积极性和创造性。究其原因，主要是学校内部民主的对话机制没有建立起来。

（四）特色与需求的失衡偏颇

有学者分析了Z市初中校本课程规划方案，发现课程目标对学生需求的回应不足。[②] 这也说明，学校在规划课程时没有平衡好学校特色发展与学生课程需求之间的关系，造成学生对学校开发的课程兴趣不高。出现这种情况的主要原因是，在进行课程规划时，学校一味追求凸显本校特色，未能对学生的课程需求进行调查，或者是进行了调查却没有进行平衡与回应。

（五）过程与反馈的静态受限

学校在实施课程规划方案时，没有进一步改进与完善。这样的做法不符合全面规划、动态生成的课程开发要求。笔者通过访谈发现，这些课程的设计、实施与评价过程，没有基于改进的相应督导，也没有学校自发组织的过程性监督与审查，更缺失了过程性改进意见的反馈。学校在课程规划完成后，也较少对整个课程规划实施过程与效果进行评价。没有督导、跟进、反馈，便没有改进与完善，更不会有课程生成。

三、学校课程规划的改进策略

针对以上问题，学校可以在五方面进行改进。

（一）依据学校文化进行课程的整体建构

课程专家凯利（A. V. Kelly）认为，学校应该从整体上规划其课程。学校所提供的课程和学生个体所接受的课程，都不应是各门独立的学科的集合。学校必须关注整体课程（The Total Curriculum）的概念。[③] 设计整体课程时，学校要考虑本校文化统领的教育哲学、办学理念、育人目标等，学校课程规划需要与学校文化进行很好的连接。学校要依

---

① 吴晓玲.论学校课程规划的过程性——基于江苏省义务教育学校课程规划状况的调查[J].教育科学研究，2017(7).

② 崔允漷，周文叶，岑俐，杨向东.校本课程规划：短板何在——基于Z市初中校本课程规划方案的分析[J].教育研究，2016，37(10).

③ A. V. Kelly.课程理论与实践(第五版)[M].吕敏霞，译.北京：中国轻工业出版社，2007.

据本校愿景确立与之相对应的课程愿景，依据学校培养目标进行相应的课程转化。[①] 那么接下来就要思考三个问题：一是学校的愿景是什么；二是学校教育共同体需要履行什么样的使命才能实现这样的愿景；三是育人目标（或毕业生形象）是什么。[②] 在回答好这三个问题的基础上，学校应采用“整体论”的方法论来进行课程规划。这样，学校课程规划就有了教育哲学的内涵和文化的底蕴。学校课程规划者只有站在文化自觉的高度，才有可能积极投入学校课程文化的反思、改善和创新，从而让课程规划真正实现指向未来、设计未来和影响未来的推动课程文化演进的价值。[③]

（二）基于迭代更新的知识观进行课程的内容设计

2014 年，《德洛尔报告》指出，全球在经济、科学、文化和政治方面的相互依赖关系正日益加深。该报告从人口规模、人类活动范围世界化、信息传播全球化等方面强调了世界的全球化带来的主要变化。[④] 目前，全球化、信息化、数字化、网络化等深刻影响着教育的变革。这些变化给教育的发展既带来了机遇，又带来了挑战。我们应该怎么认识当代的知识？什么样的知识最有价值？什么样的知识可以立德树人以及培育学生的核心素养？这是学校在进行课程规划时必须思考的问题，关系到课程的目标定位和内容选择。可以确定的是，知识不再是静态的、狭义的知识，而应该被广泛地理解为通过学习获得的信息、理解、技能、价值观和态度。[⑤] 因此，学校必须跟随时代变化，不断更新迭代知识观。

（三）基于民主与对话建立课程发展共同体

由分析可知，学校课程规划在设计、实施过程中缺少民主与对话，这直接影响了课程规划的改进与落实效果。因此，需要基于民主与对话建立课程发展共同体。这里的民主与对话是指，学校必须以民主化的课程理念为指导，建立民主化的课程决策机制，让课程利益相关者全程参与课程规划活动，通过对话与协商汇集课程利益相关者的智慧，在集体审议中研制学校课程规划方案并付诸实施。[⑥] 对话与协商机制建立前，学校需要广泛

---

① 谢翌，程雯，李云.“文化为魂课程作道”：优质学校发展的内在机理[J].教育发展研究，2020(20).

② 蔡清田，王全兴.学校本位课程改革下的愿景发展：论学校愿景的形成、内涵与实施之研究[J].教育学术汇刊，2008(1).

③ 吴晓玲.论学校课程规划的过程性——基于江苏省义务教育学校课程规划状况的调查[J].教育科学研究，2017(7).

④ 联合国教科文组织.教育——财富蕴藏其中(第 2 版)[M].联合国教科文组织总部中文科，译.北京：教育科学出版社，2014.

⑤ 联合国教科文组织.反思教育：向“全球共同利益”的理念转变[M].联合国教科文组织总部中文科，译.北京：教育科学出版社，2017.

⑥ 张相学.学校课程规划的依据、原则与过程[J].教学与管理，2009(34).

征求教师的意见，听取教师的建议，使教师共同参与学校课程规划的设计、实施与评价过程。学校要让教师感觉到自己就是开发者、参与者、决策者，从而激发教师的课程领导力。同时，学校应广泛征求课程专家、社区工作人员、学生、家长等的意见，建立参与机制，让学校课程规划更加科学。

（四）确保学校特色发展与学生课程需求的内在统一性

在进行课程规划时，学校既需要考虑本校的实际情况，也需要分析学生的情况。对学生情况的分析与理解是课程设计的依据和基础，学校要掌握学生身体成长、智力发展、个性发展等情况。在掌握学生情况的基础上，学校要尽可能地调研学生对课程的需求，从而在学校特色发展与学生课程需求之间寻求平衡，在学校办学理念引领下，制定既立足本校实际情况又满足学生发展需要的课程规划。

（五）借助过程性的反馈促进课程发展

学校所处的社会、政治、经济、文化等环境是不断变化的。学校课程规划在实施过程中也会出现一些需要思考和改进的方面。因此，学校要特别注重课程规划的发展性。学校通常可以在学校课程规划的内生模式（学校内部探索与创新）、外引模式（外部引进）、分化模式（分成模块再整合）中进行选择。① 不管采用哪种模式，学校都要注重路径的规范与科学。学校课程规划的基本路径是建立课程规划组织、研究学校课程问题与发展方向、拟定学校课程规划草案、多方征求意见。② 学校课程规划的实现是学校课程愿景与学校实际情况不断调适的持续改进过程。在这个过程中，学校要分析各种因素与条件，抓住过程中遇到的问题，通过解决问题来不断改进与完善课程规划。

附　中山小学2021学年度课程与教学实施方案

认真贯彻执行《上海市小学2021学年度课程计划》《上海市普通中小学课程方案》，全面贯彻落实上海市教育委员会对学校课程建设的要求，深化课程改革，逐步建立完善的课程体系，培育中山景贤学子。

一、课程建设的条件与需求分析

（一）学校概况

学校分总部和分部，占地面积近30亩，建筑面积92917㎡，绿化面积5823㎡。学校

---

① 张相学.学校课程规划的依据、原则与过程[J].教学与管理，2009(34).

② 和学新，乌焕焕.学校课程规划：动力、向度与路径[J].中国教育学刊，2011(2).

建有图书馆2间、资料室2间、电脑房4间、实验室1间、手工劳技室1间、书画室1间、科技室1间、美术室1间、音乐室4间、舞蹈房(体操房)1间、心理辅导室1间、篮球场1个、足球场2个、200m和100m跑道各1个。学校建有校园网、广播电视网、互联网,形成了三网合一的信息互动立交桥。2021年,学校总部和分部五个年级共有50个教学班,2202名学生。

(二) 师资情况

学校现有教师155人,其中,35岁及以下的教师有54人,占34.84%;36至50岁的教师有64人,占41.29%;51岁及以上的教师有37人,占比23.87%。高级教师、中级教师、初级教师、见习期教师的人数分别为11人、89人、46人、9人,高级教师人数不多,中级教师相对偏多,初级教师及见习期教师较以往明显增多。学校现有区级名师12名、区教坛新秀6名。

(三) SWOT分析

根据SWOT分析(分析表略)结果,学校听取了学生和教师的意见,设定了自主拓展类课程主题,形成了顶层设计,教师在学校设定的主题下申报课程。实行一到五年级每周5节体育课和两节体育活动课。2021年,上海市教育委员会提供了网络课程,为基础型课程的实施提供了参考,鼓励教师用好市级资源,利用校本研修,备好每一节课,开展好教学工作。

二、课程培养目标

(一) 课程建设的基本理念

秉承学校百年中山的文化传统(即景贤以厚德,景贤以多能,景贤以博识),落实"夯实基础,为每个孩子的终身幸福奠基"的办学理念,聚焦学生基本品行、基本技能、基本学力的培养,结合学校历史、传统文化、学生特点、教师特色,落实现有课程方案,发挥学校的资源优势,逐步建立和完善具有学校特色的、多元发展的景贤课程体系,"守正出新",培育"三基"景贤学子。

(二) 课程建设的总体目标

学生发展目标:"夯实基础,为每个孩子的终身幸福奠基"既是我校的办学理念,也是学生发展的终极目标。我校学生发展的三个关键价值取向是厚德、多能、博识。根据国家、地方、校本三级课程的要求和我校学生的实际,我校把学生发展目标具体分为基本品行、基本技能、基本学力三方面，见图 5 - 2。

课程建设目标：我校严格、规范地执行上海市教育委员会关于课程管理的若干意见，认真实施课程计划，开齐、开足三类课程，严格落实课时总量，同时建立、健全学校课程实施管理制度。

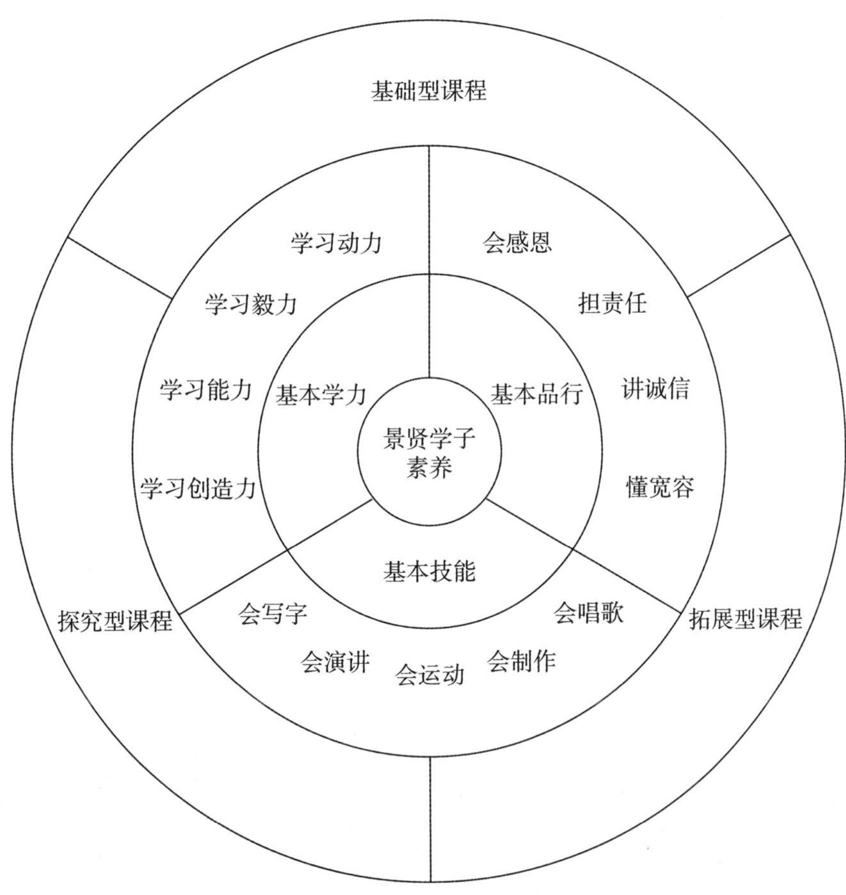

图 5 - 2　中山小学景贤学子素养结构图

三、课程体系与课程设置

（一）课程体系

为了培养厚德、多能、博识的中山学子，使之既能达到国家课程标准中的各项要求，又能得到充分的个性化发展，学校确定了景贤课程结构。一是落实国家规定的基础型课程；二是既体现儿童认知特点又体现中山文化的景贤校本课程及个性化拓展型课程；三是培养儿童探究精神的探究型课程。中山小学景贤课程体系见图 5 - 3，中山小学景贤校本课程体系见图 5-4。

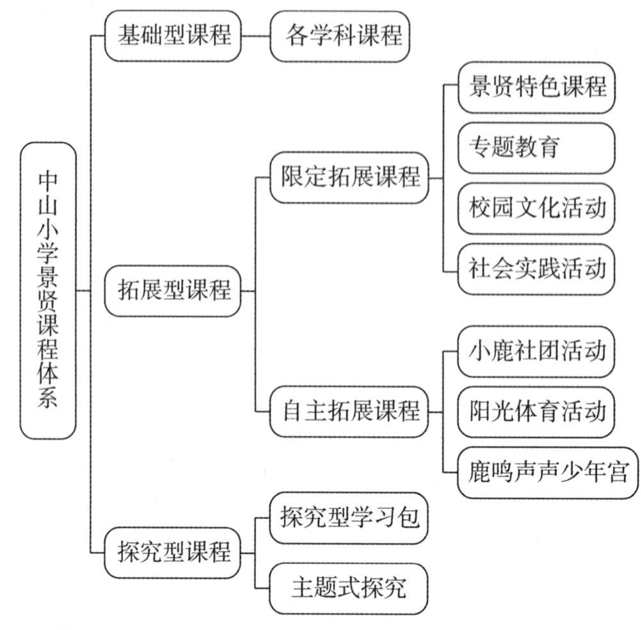

图 5-3　中山小学景贤课程体系

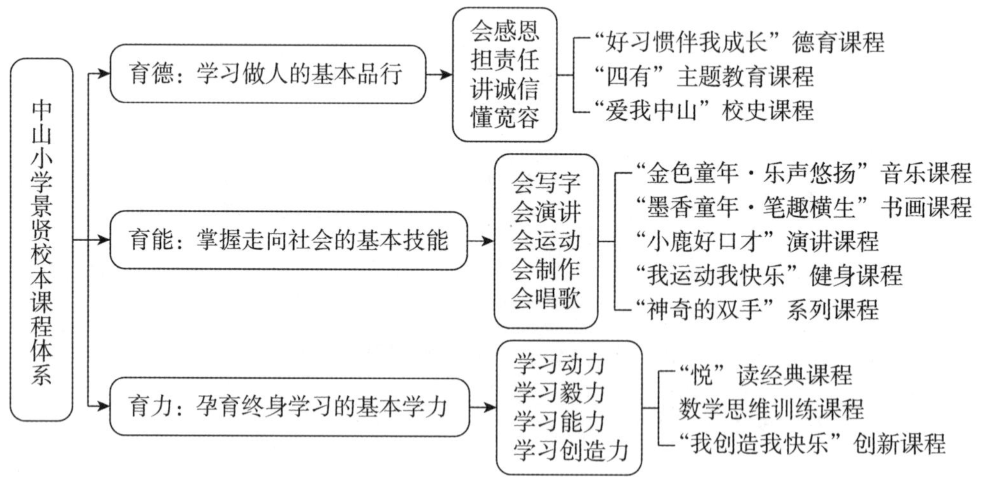

图 5-4　中山小学景贤校本课程体系

（二）课程设置

1. 课程设置与课时安排(略)

2. 部分拓展型课程安排

表 5－2 中山小学景贤校本课程安排

<table>
<tr><th>三个维度</th><th>具体内容</th><th>发展目标</th><th>精品课程建设</th><th>落实渠道</th></tr>
<tr><td>育德</td><td>会感恩
担责任
讲诚信
懂宽容</td><td>学习做人的基本品行</td><td>“好习惯伴我成长”德育课程
“四有”主题教育课程
“爱我中山”校史课程</td><td rowspan="3">1. 快乐活动日
2. 晨会、午会、自主拓展课、班会
3. 小鹿社团、鹿鸣声声少年宫
4. 节庆、活动日等</td></tr>
<tr><td>育能</td><td>会写字
会演讲
会运动
会制作
会唱歌</td><td>掌握走向社会的基本技能</td><td>“金色童年·乐声悠扬”音乐课程
“墨香童年·笔趣横生”书画课程
“小鹿好口才”演讲课程
“玩转小篮球”体育课程
小手“陶”世界课程</td></tr>
<tr><td>育力</td><td>学习动力
学习毅力
学习能力
学习创造力</td><td>孕育终身学习的基本学力</td><td>“悦”读经典课程
数学拓展课程
信息科技课程
智力七巧板课程</td></tr>
</table>

四、学校特色课程

学校开设了“四有”主题教育课程、“十好”行规课程、“悦”读经典课程、二十四节气课程、劳动教育课程等丰富的学校特色课程。其中，“四有”主题教育课程是针对学校育德培养目标开设的校本化德育课程。它以社会主义核心价值观为依据，针对个人层面，把爱国、敬业、诚信、友善四方面细化为感恩、责任、诚实、宽容，通过分年度设定培养目标，使“四有”主题教育课程更加系统化。“十好”行规课程根据不同年龄学生在各学习阶段行为规范教育的具体目标，坚持从实际出发，区分层次，着眼多数，鼓励先进，循序渐进，旨在引导学生养成良好的习惯。“悦”读经典课程安排在午会课等时间进行，旨在陶冶学生的情操，完善学生的人格，丰富学生的文化底蕴。

五、课程实施与课程管理

在课程的实施过程中，校长室要加强对课程的领导与管理，组建学校课程领导小组、课程工作小组，明确小组成员在课程领导、管理中的职责。

教导处要充分发挥在课程建设中的研究、指导和服务作用，组织教师直接参与课程的开发与研究，深入一线，集中解决课程建设中的重点和难点问题，保证教学工作的顺利进行和不断深化。

各年级组、教研组、备课组和相关教师要认真贯彻和执行学校课程计划、课程实施意见、课程实施方案、学生综合素质评价方案，提高对课程的执行力。

（一）开齐、开足基础型课程

规范教师教学行为，落实基础型课程。能根据各学科教学内容，对照整个学年教学时间，由学校教导处统筹安排。同时开展校本研修，提高教师对学科教学的认识水平和专业素养，落实基础型课程。重视引领教师投身教学研究，提升教师课堂教学的有效性，提高教师的课程实施能力，更好地推进课堂教学转型。

（二）开发、推进拓展型课程

学校根据《中山小学拓展型课程实施方案》，为景贤学子量身定制符合其个性特长的自主拓展课程。具体来看，学校开设了“悦”读经典课程、数学拓展课程、信息科技课程、健康教育课程等限定拓展课程。值得一提的是，学校每年花大量的资金对三年级学生进行游泳培训。结合办学理念，学校充分挖掘资源，开发了校本特色课程，即注重“三育”的中山景贤课程，旨在促进我校学生作为“人”的发展，使其形成将来走向社会必备的基本品行、基本技能、基本学力。

（三）用好、上好探究型课程

探究型课程倡导以学生的兴趣为起点，激发、培养学生的探究兴趣。学校引导学生以探究的方式开展学习，掌握探究方法，提高自身发现问题、解决问题的能力，进而学会学习。学校希望改变以往偏重知识传授、技能训练的教学方式和被动接受的学习方式，充分发挥学生学习的主动性和创造性，帮助学生形成一种主动探索的精神。

六、课程评价

（一）对课程本身的评价

对课程本身的评价主要通过拓展型课程和探究型课程来落实。学期初，学校开展课程的申报、遴选、审核工作；学期中，教师在实践中开发和完善课程；学期末，教师形成课程改善稿（已开发的课程）及课程初稿（待开发的课程）。就课程本身而言，学校要从课程开发的目的与意义、课程目标、课程内容、课程评价等方面来进行评价。

表 5-3　课程评价表

评价项目	评价要求	评价等级
课程开发的目的与意义	与国家课程、地方课程的联系密切	优秀★★★ 良好★★ 合格★
	有助于提高学生的各项素质	
	能够体现学校的课程理念	
	有助于培养学生的技能和创新意识	
课程目标	目标明确、清晰	优秀★★★ 良好★★ 合格★
	知识目标、能力目标和情感目标恰当	
	考虑到学力分层的因素，贯彻因材施教的原则	
课程内容	内容组织得当，层次分明，课程框架清晰	优秀★★★ 良好★★ 合格★
	内容科学，启发性强，突出能力培养	
	内容中新观点、新教学思想含量高	
课程评价	评价的可操作性强，评价方法科学，具有激励性和改进作用	优秀★★★ 良好★★ 合格★
总体评价		

（二）对教师教学情况的评价

对教师教学情况进行评价的根本目的是更好地促进教师的发展，提高教师的综合素质和教学水平，为学校课程的高质量实施提供保障。对教师教学情况进行评价时，学校要坚持发展性、全面性、多样化和个性化原则，兼顾教师工作的各个方面，既要重视教师的课程执行情况，又要重视教师的课程研发能力；既要重视教师的课程管理能力，又要重视教师的课程实施效果。

（三）对学生学习情况的评价

“中山好少年”评比是学校对学生学习情况进行评价的一项有力措施。为了让学生能够真正找到榜样，明确奋斗目标，学校细化了“中山好少年”评比要求，使其既有最高荣誉综合奖，又有分项评定类别奖；既有十分出色的学生代表评比，也有努力向上的进步学生评比。学校分目标板块、评价板块、激励板块、表彰板块来对学生进行评价。

（案例提供者：松江区中山小学，诸斌根、陈兴中）

第三节　校本课程开发的影响因素

笔者通过半结构化访谈了解了 S 市某区 10 所小学的校本课程开发现状，经过 Nvivo 软件编码整理、分析，初步探讨了影响校本课程开发的主要因素，建议从政策支持、理念认同、资源整合三方面来促进校本课程开发的深化。

一、关于影响因素的已有研究

笔者以中国知网为主，搜索校本课程影响因素相关文章，经过整理和分析，发现学者主要从三个角度来探讨校本课程开发的影响因素。

（一）人的影响

校本课程开发的主要影响因素是人，尤其是教师。教师的课程开发意识和能力是校本课程开发能否成功的决定性因素。① 正如科林·马什所说的那样，教师的主动参与是校本课程开发过程中一个具有决定性的因素，可以说是校本课程开发成功的关键。处在一线的教师和学生是校本课程开发的主要决策人和参与者，校本课程开发的出发点和回归点都是为了学生的成长和教师的专业发展。② 教师是校本课程开发中的组织者和引导者，是能够提升校本课程开发水平的核心人物。③ 相较国外的教师，我国大部分教师缺乏课程开发的技能和素养，这也是影响因素之一。④ 在农村等教育条件稍微落后的地方，校本课程开发过程中，教师的影响更大。教师的个人素质、课程开发能力、课程观念、知识结构、科研能力、合作精神等都至关重要。⑤ 除了教师的作用，校长的领导能力、沟通交流能力、推动和引导教师的能力也不容忽视。⑥ 可见，校长是重要而独特的因素，是影响学校共同体建设的关键因素，对促进教师交流、协调课程组织等有重要影响。⑦ 校本课程开发是一个复杂的系统工程，同样需要家长的参与，家长资源是校本课程开发的

---

① 郑晓萍.香港幼儿园教师校本课程开发能力提升研究[D].华中师范大学，2019.

② 孟庆楠.初中道德与法治校本课程开发研究[D].东北师范大学，2019.

③ 陈婷.基于优秀民族文化传承的校本课程开发实践探索——以拉萨市实验小学藏文化特色校本课程为例[J].民族教育研究，2020(1).

④ 高云庆.校本课程开发：理念与框架[J].兰州大学学报(社会科学版)，2002(3).

⑤ 李朝辉.影响农村校本课程开发的教师因素分析[J].教学与管理(中学版)，2002(8).

⑥ 吴刚平.校本课程开发的特点与条件[J].教育研究与实验，1999(3).

⑦ 周军.试论影响校本课程开发的因素[J].教育发展研究，1999(12).

一种重要资源，家校应密切合作，共同促进校本课程开发。[①] 家校合作能够为校本课程开发提供新的空间和视角，如果家校合作出现缺位、错位、低融合、分散等问题，可能会导致家校合作的校本课程开发的失败。[②]

（二）实践的影响

部分学者主要考虑了校本课程开发实践层面的因素，认为校本课程实践在某些方面存在方向上的错误，例如，在课程开发上存在质量上的错误，包括课程设计的规范性不够、课程内容的科学性不强等[③]；在课程开发上存在不易落地的问题，包括“没有考虑本校和所在区域的资源问题，导致人力、物力、财力成本增加，拉开了学校与学校之间的差距”等。[④] 校本课程开发应依托于学校，成长于学校，应用于学校，植根于学校。因此，开发者要特别注意学校实践对校本课程开发的影响。

（三）流程的影响

部分学者从校本课程开发的环节入手来分析相关影响因素，认为在校本课程开发前要进行情况评估或情境分析，要认真对待前期工作，仔细分析当地可用的教育资源，保证校本课程开发有效运行。[⑤] 校本课程开发涉及众多部门之间的合作共商、权责利益、资源分配等问题，不仅是技术的掌握与更新，更是学校文化的改造与重塑[⑥]。

当然，也有部分学者把校本课程开发影响因素分为校内因素、校外因素；主观因素、客观因素；宏观因素、中观因素、微观因素；主体因素、资源因素、环境因素等。不管是哪种分法，学者都提到了教师、校长、学生、家长、社会力量等利益相关主体，以及不可忽视的学校、区域等环境因素。

二、关于影响因素的研究设计

（一）研究方法

笔者采用质的研究的一种方式——扎根理论，对收集来的政策文本进行探究、归纳分析和解释。关于质的研究，陈向明提出，这是以研究者本人作为研究工具，在自然情境下采用多种资料收集方法对社会现象进行整体性探究，使用归纳法分析资料和形成理论，通过与研究

① 杜文军，高梦馨.家长资源校本课程开发研究[J].教育理论与实践，2017(29).
② 张亚，于宗助.校本课程开发的困境与对策：家校合作的视角[J].教育理论与实践，2018(26).
③ 李令永.论校本课程开发的逻辑分殊[J].教育发展研究，2020(18).
④ 胡定荣.论校本课程开发政策的未来走向[J].课程·教材·教法，2020(9).
⑤ 崔允漷，陈建吉，傅建明.影响校本课程开发的因素：以台湾S小学为例[J].教育发展研究，2000(10).
⑥ 刘丽群，周先利.校本课程深层开发：何以可能[J].湖南师范大学教育科学学报，2020，19(6).

对象互动对其行为和意义建构活的解释性理解的一种活动。①

扎根理论由美国学者巴尼格拉斯(Barney Glaser)和安索·施特劳斯(Anselm Strauss)于1967年提出,是质的研究的一种方式。扎根理论的主要特征是,研究者在研究前不假设结论,而是从收集的资料里和从经验中不断发现、分析、概括、归纳、抽象,最终升华成理论,这是一种由下往上的研究方式。陈向明强调,扎根理论是一种研究路径,而不是一种实体的理论。② 因此,在严格意义上,扎根理论不算理论,而是质的研究的一种方式,其主要宗旨是在经验资料的基础上建立理论③。扎根理论的研究步骤见图5-5。

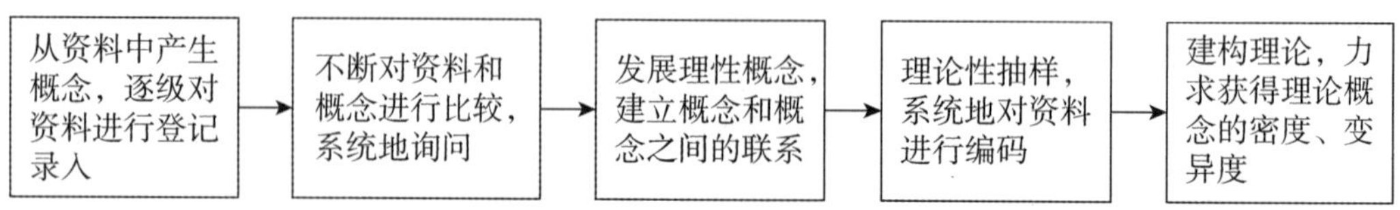

图5-5 扎根理论的研究步骤图

(二) 访谈说明和数据收集

在数据收集方面,我们采用的是形式灵活的半结构化访谈方式。基于校本课程开发的主要影响因素,我们设计了一份半结构化采访提纲进行访谈,并在征得对方同意后以录音的方式收集访谈数据。访谈提纲主要分为两个部分:一是个人客观信息,包括工作和教育背景;二是个人主观判断,包括对校本课程开发现状和影响因素的认识、案例分享等。我们采访了S市某区10所小学的教师,每校选取2人,共20位教师。访谈对象的选取主要分为课程分管领导、参与课程开发的教师两个层次,尽量包括参与课程的各类教师。课程分管领导包括课程分管中层领导和校级领导两类人员,对其进行访谈的目的是从组织者的角度了解校本课程开发的情况。选取相关教师进行访谈,主要是为了从教师的角度了解学校课程开发的情况。调查对象基本信息见表5-4。

表5-4 调查对象基本信息

性别	男(4位);女(16位)
年龄	25至30岁(3位);31至35岁(6位);36至40岁(7位);41岁及以上(4位)
职位	普通教师(6位);中层干部(6位);校长或副校长(8位)
学历	大专(1位);本科(13位);研究生(6位)
任教学科	数学、语文、英语、美术、劳动技术、自然科学等

① 陈向明.教师如何作质的研究[M].北京:教育科学出版社,2001.

② 陈向明.扎根理论在中国教育研究中的运用探索[J].北京大学教育评论,2015,13(1).

③ 陈向明.扎根理论的思路和方法[J].教育研究与实验,1999(4).

在数据分析环节，根据访谈录音转换成的文字结果，笔者采用一级（开放式登记录入）、二级（关联式登记录入）、三级（核心式登记录入）的逐级编码方式[①]，对相似的概念进行归类分析并与文献中的概念进行对比分析，最后得出资源配置、教师自主意识和能力、学生参与、家长支持、师资队伍建设、学校管理六个维度的概念。

三、研究数据分析

（一）资源配置

在采访中，很多教师都提到了校本课程开发中资源配置的问题。有的受访者说，学校现在资源相对来说比较丰富，有这样的三级支撑：区级资源支撑、周边社区资源支撑、校内资源支撑。有的受访者说，学校所在区域的大学提供了很多课程、项目支持，教育局也提供了很多经费。有的受访者说，因为学校在老城区，主要依靠校内教师开发校本课程，外部资源相对来说比较缺乏。

我们发现，在众多受访者里，校长和中层干部经常提到资源配置这个因素对校本课程开发的影响。这一结果与受访者本身的岗位、职称、个人经历等都有一定的关系。大多数年轻教师重点关注课程教学和班级管理，较少关注资源配置。

（二）教师自主意识和能力

很多教师已经意识到校本课程除了能满足学生需求，对自身专业发展也非常重要。他们主动积极地投入校本课程的开发工作。也有一部分教师认为参加校本课程开发会增加自身的工作量，对此持消极的态度。有受访校长表示，校本课程开发有助于教师的成长和能力提升。有受访校长表示，要想做好校本课程开发工作，教师自身的工作压力会比较大，他们还是想主要做好本学科的教学工作。有受访教师表示，不想进行校本课程开发的主要原因就是自己很累，除了教学任务外，自己还需要完成其他很多事情，课后2小时服务活动等占用了大量的时间和精力。

大多数的校本课程开发工作需要占用教师的休息时间。校本课程开发的过程是一个需要不断累积和更新的过程，对于时间的要求较高，教师的投入大，见效慢。因此，多数教师不愿意主动承担校本课程的开发工作。还有教师提到，因为“双减”政策，他们原本可以用来思考课程的时间被挤占了，主要用来进行课后服务。根据访谈资料，笔者把

---

① 陈向明.质的研究方法与社会科学研究[M].北京：教育科学出版社，2000.

教师参与校本课程开发的意愿分为三种类型(见表5-5)。

表5-5 教师参与校本课程开发的意愿分类

类型	表现	受访者类型
1	1. 缺乏信心 2. 想尝试,有一定的兴趣 3. 对校本课程开发没有头绪 4. 担心自己做不好	年轻教师
2	1. 不想参与,不愿意耗费自己的精力和时间 2. 已经尝试过,效果一般 3. 更重视校本课程开发的现实利益	有一定经验的教师
3	1. 支持校本课程开发 2. 从教师职业发展角度考虑,认为校本课程开发能提高教师的专业素养 3. 从学生成长发展角度考虑,认为校本课程开发能增长学生的见识,开阔学生的视野	中层及以上的教师

(三) 学生参与

学生选择某门校本课程,主要原因是该门课程有趣,学起来有成就感。这些主观感受更多地指向校本课程开发的内容。有受访教师表示,自己原来任教的学校有一门社团课,叫竹编课程。竹编属于当地的一个非遗项目,有专门的资金保证。学校请了一位专业的指导教师,进行整个课程的设计和实施。学生都很喜欢这门课程,而且学习的成果还进行了区级展示。有受访校长表示,学生如果通过课程的学习没有获得成就感,往往不愿意进行后续的学习。有受访校长表示,学校的课程内容没有及时更新,也没有形成年级的递进序列,所以对学生的连续性成长作用不大。

学生既是校本课程的参与者,也是校本课程开发的主要影响者。学生学习的效果应该成为课程改进的主要依据。但很多教师在收集学生反馈信息方面缺乏实质性的动作,即使收集了相关的信息,也没能充分应用于课程改进。

(四) 家长支持

校本课程开发离不开家长的支持。家校合作是否密切、是否正向,直接影响了校本课程开发的质量和实施效果。

有受访教师表示，如果家长看到孩子进步明显，就会特别支持校本课程开发，进而保证学生的课程参与。有受访校长表示，部分家长会参与学校的课程开发，例如，有特长的家长会受邀到校开设课程，并直接进行教学；还有的家长会作为课程辅导者，一起参与课程实施；还有的家长会为课程的展示提供便利等。为了让家长更好地参与课程开发和实施，学校建立了一些渠道和机制。有受访中层领导表示，自己所在学校是有校本课程选课系统的，家长可以通过系统帮助孩子进行选课，但有时会出现家长选的课孩子并不喜欢的情况。家长比较喜欢那些学科类的校本课程。有受访中层领导表示，家长积极参与评价有助于改进课程开发。如自己所在学校，低年级学生的家长参与度很高，课程开发得相对完善一点，而高年级学生的家长参与度不是很高，课程开发得就相对薄弱一点。

在校本课程的选择权上，家长发挥主导作用。家长资源是校本课程开发可利用的丰富资源之一。从调查和访谈中，笔者发现，区域内很多学校的学生家长都参与了课程开发活动，有的是在开发阶段，有的是在实施阶段，有的是在评价阶段。家长资源的有效利用，成为校本课程开发深化的一个关键点。

（五）师资队伍建设

教师是校本课程开发的主要力量，教师的开发能力、专业素养、创新能力、探索精神等都直接反映在校本课程的开发活动中。很多年轻教师并没有经过校本课程开发的训练，他们或者自己摸索，或者依靠老教师的经验传递，这样开发出来的课程往往不够科学。这时，学校需要对教师进行校本课程开发的专门培训。

有受访校长表示，学校要给教师营造宽松、民主的氛围，让教师愿意去做，还要给教师提供帮助。在课程开发的具体事务上，学校可以给教师独立的空间，后期再进行介入。有受访中层领导表示，学校新教师比较多，他们有热情、有干劲，但是没有开发技术和经验，需要学校提供支持和帮助。学校最好能建立团队，共同进行课程开发。有受访中层领导表示，学校需要在开发前对教师进行专门的培训，让教师知道开发的流程和需要注意的事项，在课程实施阶段最好能请专家进行过程性的指导，后期再进行总结完善。经过这样一个完整的流程，教师就会知道怎样去开发一门优质的校本课程。

由此可见，师范院校不仅要教授学科专业知识、教学方法等，还应培养学生的课程开发能力。在教师入职后，学校要对其进行校本课程开发方面的系统培训，帮助教师掌握校本课程开发的知识和技能。

（六）学校管理

学校管理层面的支持不容忽视。笔者通过对校级或中层领导的访谈发现，多数学校比较重视和支持校本课程开发。但从对一线教师的访谈中，笔者发现，一线教师认为学校的支持还不够，很多措施并没有落到实处，如课程开发的过程指导和经费、绩效方面的保障等。

有受访校长表示，学校的校本课程主要以拓展课程的形式安排，折合成课时给予教师相应的绩效奖励。其他好像就没有体现了。有受访校长表示，目前，学校的绩效方案里没有专门的校本课程开发的绩效，都是折合成拓展课程的课时给予教师绩效奖励。有受访教师表示，自己进行校本课程开发，大多利用的是休息时间，课程正式实施前，还要进行完善设计。这个过程的工作量，学校是没有考虑到的。学校主要考虑的是课程实施阶段的课时绩效。

很多校长其实也意识到了这个问题，但从学校管理层面来看，学校的绩效分配涉及各个部门，需要广泛研讨并经全体教师代表大会通过，向教育局报备。重新制定绩效方案，需要几轮的讨论和研究。因此，如何更好地支持校本课程的开发，激励有意愿、有能力的教师付出更多时间，投入更多精力，这个问题也不能单靠校长们来解决。

四、校本课程开发的关键影响因素

校本课程开发是一项长期、复杂的综合工程，需要考量众多因素，平衡各方利益诉求。本研究采取的是半结构化访谈方式，由于人力、物力等条件限制，对校本课程影响因素的调查局限于上海一地，不足以代表全国情况，但却可从中获得一定的启发。基于以上分析，为切实推进校本课程开发，现提出如下几点建议：

（一）政策支持

政策支持是影响校本课程开发的一个重要因素。没有行政部门的政策扶持，单靠校长或某位教师，是无法推动相应资源来配合开发课程的。学校如何落实行政部门的政策，建立有效的长效机制，是校本课程开发面临的一大难点。没有建立有效的长效机制，导致当前大多数学校在校本课程开发方面存在积极性和主动性不足的问题。不同的学校有不同的生源、不同的师资队伍、不同的办学特色、不同的办学条件等，遇到的校本课程开发问题也不尽相同。政策的落地要做到因校不同、因地不同，如何更灵活地提供补充条件和相应资源，需要有更详尽的方案。例如，像“双减”这样的全国性政策会引发学校的全面转型和深刻变革。地方行政部门和教育部门应协同合作，在充分领会政策精神的基础上，采取相应措施来支持学校变革。有学者提出，学校可以请一些大学生、社区志愿者、非遗传承人等参与协同育人的过程①。这就需要相关部门从中搭桥牵线，帮助政策在学校落地。

（二）理念认同

校本课程开发涉及众多利益相关者，包括校长、教师、学生、家长、社会力量等。校本课程的开发需要全体利益相关者的协作和支持，除了物质上的支持，还需要情感上的支持，也就是理念认同。教师如果认同校本课程的价值和开发意义，就会自觉投入校本课程开发，主动提高课程开发能力，积极参与校本课程研究活动。学生如果认同校本课程对于自身全面发展的重要性，自然而然会对校本课程内容等产生兴趣，为开发的教师提供宝贵的建议，从而推动校本课程开发。家长如果认同校本课程对学生发展的重要性，将有力促进校本课程开发。

（三）整合资源

校本课程开发需要调动学校、社区、家长等资源。学校所在的社区蕴含着丰富的资源。自然景观、人文历史遗迹、当地特色产业等，都是校本课程开发的宝贵资源。单靠教师个人开发，在课程内容、课程场地、课程组织等方面都有极大的局限性。学校、家长、社区等要积极挖掘各种教育资源。家长、社区等参与校本课程开发，能有效整合各方资源，促进学生全面而有个性地发展。

第四节　校本课程开发的模式

本节针对国内外校本课程开发的不同模式及实践探索展开论述，最后总结出校本课程开发的基本过程，并针对我国的校本课程开发现状提出相应的建议。

一、校本课程开发模式的内涵

作为校本课程开发模式的基础性概念，课程开发模式是课程领域中较为常见的一种表述，主要是指通过需求分析确定课程目标，再根据课程目标选择对应的一个或多个学

① 位林惠，张红晨.北京师范大学资深教授顾明远："双减"的最根本出路是办好每所学校[N].人民政协报，2021-12-08(9).

科的教学内容，随后针对相关教学活动进行教学设计、活动组织、课程实施、教学评价和课程修订，最终达到课程目标的工作过程。相较课程开发，校本课程开发是指把开发资源放在学校内部，对校内资源进行整理和筛选并将其转变为课程要素的开发过程。

课程开发模式应同时包含一个完整的开发过程和从开发过程中提炼出的课程要素之间的关系。它既包括开发程序，又涵盖课程模型，是两者的总和，见图 5-6。

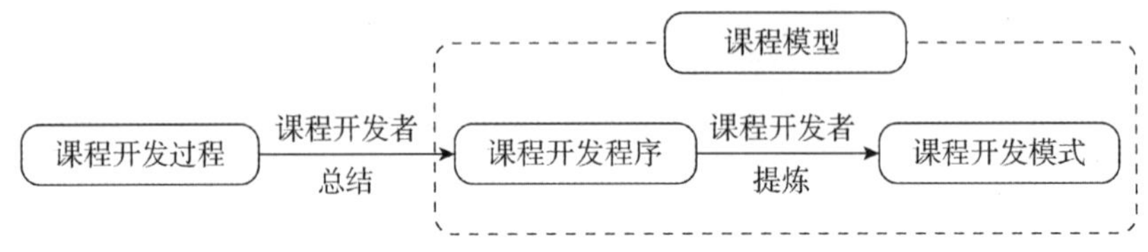

图 5-6　课程开发模式及各部分的关系

当前，课程开发模式主要有目标模式、实践模式、过程模式和情境模式，下文将对此展开较为详细的介绍。

二、国外的开发模式和实践探讨

在校本课程开发模式的一系列实践和探索中，国外校本课程开发模式的发展更为成熟，除了传统的目标模式、实践模式和过程模式，还发展出了情境模式。与国外相比，国内虽起步较晚，没有形成稳定而统一的课程开发模式，但也呈现出了较好的发展趋势。

（一）国外校本课程开发的模式介绍

20 世纪 70 年代，英、美、澳等国家在课程开发运动的基础上逐渐形成了四种课程开发模式，主要包括目标模式、实践模式、过程模式和情境模式。这四种主要的课程开发模式虽没有专门针对校本课程开发进行研究，但为校本课程开发提供了非常重要的思路。

1. 目标模式及其课程论思想

目标模式又被称为“科学模式”“手段—目标模式”“顺序模式”等，由美国课程论专家泰勒于 1949 年在其著作《课程与教学的基本原理》一书中提出。该模式把课程目标作为课程开发的基础和核心，是围绕课程目标的确定、实现和评价而进行的一种课程开发模式。[①] 该模式主要回答了四个中心问题：(1)学校应该达到什么样的教育目标？(2)学校提供什么样的教育经验才能实现这些目标？(3)学校怎样有效地组织这些教育经验？

① 李介.国外校本课程开发模式带给我们的启示[J].教育理论与实践，2010(9).

(4)学校如何确定这些目标正在得到实现?[①] 根据这四个问题的排列顺序,后继研究者将其总结为课程开发的四个渐进步骤,即确定目标、选择学习内容、组织教学实践和评价。这种课程开发模式也成为我国中小学在校本课程开发过程中常用的一种模式。有学者在综合分析泰勒课程开发理论的基础上,绘制了目标模式简图,见图 5-7。

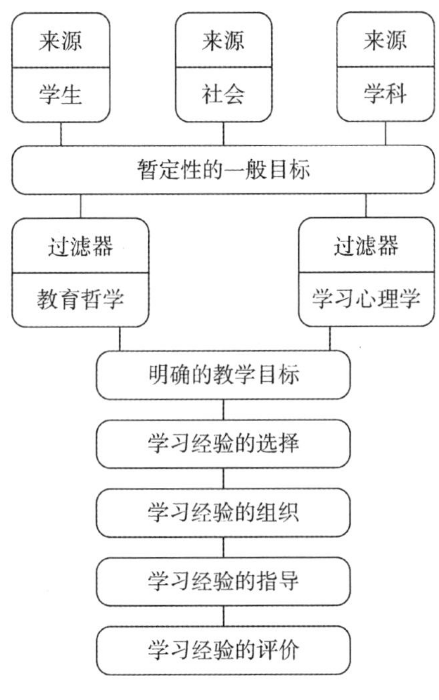

图 5-7　目标模式简图

目标模式为我们提供了一个课程开发和研究的范式,在课程论的发展史上具有里程碑意义。但目标模式也存在一定的弊端。有学者认为,它只注重过程和手段的工具价值,从而割裂了过程和结果的连续性。

2. 实践模式及其课程论思想

实践模式的代表人物是美国课程论专家施瓦布。该模式认为,课程开发所要达到的最终目标是"实践兴趣",重视课程开发的过程与结果、目标与手段的连续统一[②],课程开发的焦点应为学习者的兴趣和需要。该模式把学习的需求置于课程的中心。实践模式的特点如下:把"实践兴趣"作为课程的终极目的;强调教师的主导地位以及学生的主体地位;强调过程与结果、目标与手段的统一性;遇到课程问题时借助集体的智慧,通过讨

① 李介.西北农村中小学校本课程开发的模式建构[J].当代教师教育,2010(2).
② 吴刚平.校本课程开发[M].成都:四川教育出版社,2002.

论等方式来解决。

实践模式使课程实施更人性化，是校本课程开发的重要思想基础，对校本课程的研制和开发具有很大的指导意义，但在实施过程中也存在对教师课程开发能力要求较高、忽视知识和技能等问题。

3. 过程模式及其课程论思想

过程模式是英国著名的课程论专家斯滕豪斯针对目标模式的不足而提出的一种模式。他把“学习的内容”而非“课程目标的确立”放在课程研制过程的首位。他认为，在课程开发过程中，许多有价值的东西是在组织内容和课程实施过程中不断生成的，这些东西在最初确立目标时并不能被预见。因此，课程开发应更重视学生学习的过程，让学生在学习中开动脑筋，努力思考，最终通过讨论与合作等方式提出不同的课程方案，以此来加强学生学习能力、习惯、信念和潜能的锻炼。过程模式注重过程，强调教师在课程研制中的作用，鼓励学生主动参与学习和探究，把“发展学生的主体性和创造性”作为重要目标。它突破了目标模式“技术理性”的桎梏，是基于实际教育情境的课程开发，对校本课程开发实践及其理论建构具有指导性意义。但过程模式在实施过程中对教师能力要求较高，教学结束后对学生的形成性评价也较为困难，导致其在课程实践中的影响远不如目标模式那么深远和广泛。

4. 情境模式（环境模式）及其课程论思想

情境模式（环境模式）的代表人物是英国教育家斯基尔贝克。他立足广阔的文化学视野，在课程开发上强调对环境的分析，主张依据各个学校的具体情况，对学校内外部的环境系统进行全面的分析与评估，在此基础上，确定课程目标与计划，进行课程实施，最终进行课程的评价、反馈与改进①。这是一种适应性较强的课程研制理论。

具体来看，情境模式包括劳顿（Denis Lawton）的宏观情境分析模式和斯基尔贝克的微观情境分析模式。其中，劳顿的宏观情境分析模式认为，学校课程应指向公共基础文化，课程就是“对社会文化的选择”，应注重达成学科间平衡②，另外，课程开发程序应建立在文化分析的基础上。劳顿的文化分析课程开发流程见图 5－8。斯基尔贝克的微观情境分析模式强调学校的特殊性和独特性，认为在课程研制前应全面分析影响学校课程的内外因素。不同学校应立足本校的具体情况，研制课程方案。在实际的课程开发过程

① Skilbeck，M. School-based Curriculum Development[M]. London：Harper and Row，1984.

② Denis Lawton. Class，Culture and the Curriculum[M]. London：Routledge ，2011.

中，学校可以选择从一个步骤着手，也可以同时从几个步骤着手。斯基尔贝克的课程研制程序见图 5－9。

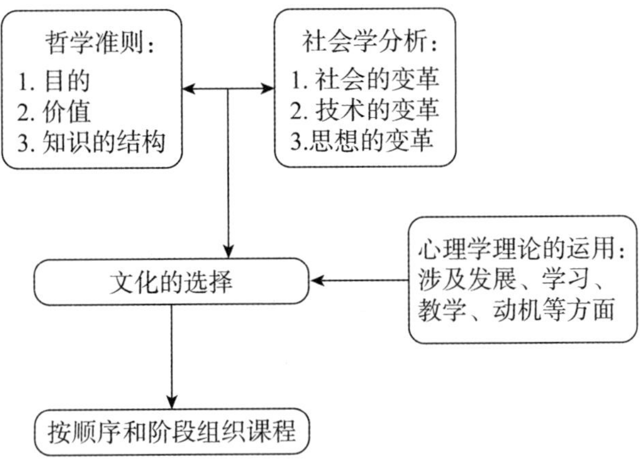

图 5－8　劳顿的文化分析课程开发流程

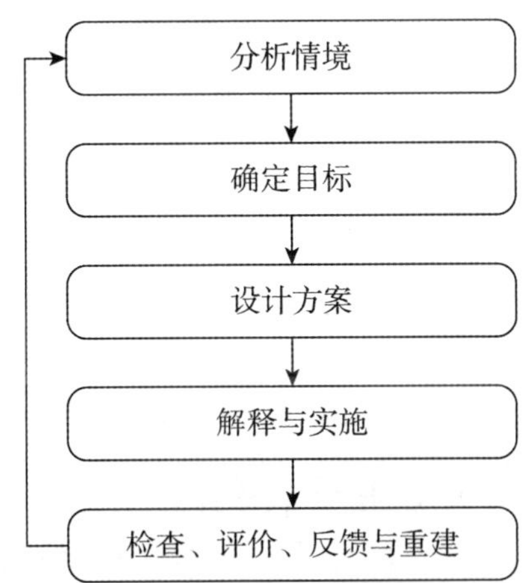

图 5－9　斯基尔贝克的课程研制程序

情境模式在发展过程中吸取了目标模式、实践模式和过程模式的经验教训，既克服了目标模式的机械性，又弥补了过程模式过于理想化的不足，是一种全面性和现实性特征较突出的课程开发模式，对校本课程开发的理论建设和实践更具适应性。

（二）国外校本课程开发的实践探索

国外的校本课程开发实践起步较早，主要集中在英、美、澳等国家。由于各国的政治制度和教育制度存在差异，发展进程也各不相同。[①] 本节将针对以上几个较有代表性的国家展开论述。

1. 英国校本课程开发的实践探索

英国是较早实施校本课程的国家之一，其校本课程开发的思想比较丰富。20 世纪 60 年代至 80 年代初，英国校本课程开发的思想开始出现，许多支持校本课程开发的机构相继出现。20 世纪 80 年代中期，英国的校本课程开发实践蓬勃发展。同时期也出现了相应的学校自我评估计划和校本评论。《教育改革法》的颁布打破了英国中小学校本课程占统治地位的局面，但并未剥夺学校进行校本课程开发的权利。20 世纪 90 年代中后期，英国政府强制提高中小学教师的学历层次，积极鼓励教师对国家课程进行改编和再创，校本课程开发也得到了推动和发展。

英国的校本课程开发形式主要包括外部驱动和内部驱动两种。外部驱动的校本课程开发受国家法律的规定或要求影响，但学校可以依据本校的特色，以自己独有的方式完成。内部驱动的校本课程开发则完全是以学校内部为主导的一种开发形式。不论采用哪种形式，英国的校本课程开发都离不开校内外的支持性政策，教师在校本课程开发过程中发挥了重要的作用。

2. 美国校本课程开发的实践探索

美国是较早进行校本课程开发实践研究的国家之一。由于美国特殊的行政管理体制，其课程权利主要集中在各州政府手中，这也就意味着，美国并没有国家统一的课程开发体系。这为美国的校本课程开发创造了宽松且自由的外部条件。

自 19 世纪初以来，美国各州借助“进步教育运动”“课程改革运动”等契机来强调学校参与课程开发活动的重要性。20 世纪 70 年代中期，美国各级各类学校掀起了“学校重建运动”，进一步推动了校本课程开发的实践探索。进入 21 世纪后，美国政府通过《不让一个孩子掉队法案》等改革考试制度，鼓励各学区制定自己的课程标准，鼓励学校根据学生的特点和需要选择适合本校的教学内容。美国校本课程开发在国家政策的引导下进一步转型。

美国的校本课程开发主体主要包括校长、课程委员会、中小学教师、学生和社区成员等。开发模式以行动研究模式、塔巴(Taba)转换模式、奥利弗(Olive)模式为主。不同模

① 徐玉珍.校本课程开发:背景、进展及现状[J].比较教育研究,2001(8).

式的原理和程序也有所不同,但本质上都是为指导实践而服务。

3. 澳大利亚校本课程开发的实践探索

澳大利亚由于其国家的特殊性,各州和区享有学校教育的立法权、主要财政权。

从20世纪60年代到80年代中期,澳大利亚联邦政府逐渐把教育权利下放至各州各校。在这场教育改革中,学校管理者逐渐从各州和区的教育部门转向由家长、教师等组成的学校董事会,学校教师对教学所用的教材有直接的决定权。这场教育改革不仅提高了学校的自主权,还极大地提升了教师对课程的参与积极性和参与程度。1989年,《全国学校教育共同目标》中指出,学校虽具有相当大的课程自主权,但其所开发的课程应符合地方和学校的特点。常见的校本课程包括手工艺、新闻媒介、社会教育等。除了课程开发的多样性和普适性,澳大利亚的学校也十分重视教师观念的变革和更新,他们认为教师应该是课堂中的主导,而不是主体,因此在课堂中,教师应该把更多的时间留给学生进行自主思考。

有很长一段时间,各州的学校课程都是学校根据本校特点自行开发、配置、实施和评价的。澳大利亚校本课程开发的特点及经验主要包括以下几方面:(1)学校课程自主权较大,且得到了中央、地方相关部门的大力支持;(2)教师积极进行角色转换,主动成为课程开发和实施的决策者;(3)课程与评价具有多样性。

三、我国的开发模式和实践探讨

模式即某一事物的标准样式,是解决某一类问题的方法论,它是理论层面的概念。校本课程开发在国外已形成了较为成熟的理论基础和开发模式。我国引入校本课程开发这一概念的时间较晚,虽发展迅速但仍处于初步发展阶段,尚未形成较为成熟的开发模式。因此,我国在校本课程开发实践中所形成的较为稳定的开发方式应称为“校本课程开发形式”,而非“校本课程开发模式”。

(一) 我国校本课程开发的主要形式

国外校本课程的几种主流开发模式(如目标模式和情境模式)为我国的校本课程理论研究提供了一定的参考。相较国外,校本课程开发在我国并未形成较为成熟的理论体系和开发模式。我国许多中小学都在依据自身的办学特色和学校实际来积极开发适合自己的校本课程。但大部分学校的校本课程开发较为随意,缺少科学性和规范性,开发出来的课程也不够系统。通过对相关文献进行梳理,笔者发现,许多国内学者针对我国的校本课程开发形式展开了相应研究和讨论，并提出了自己的见解。

有学者结合校本课程开发的成功案例提出了五种校本课程的开发类型，即基于学科拓展的校本课程开发、基于学校优势项目的校本课程开发、基于师生的校本课程开发、基于地方特色的校本课程开发、基于学校目标的校本课程开发。[①] 有学者提出了获得性的课程整合模式、历史沉淀的归纳模式、学生价值期待的演绎创生模式、选择与改进的条件利用模式等开发模式。[②] 这些开发模式主要基于校本课程开发的个别成功案例，缺乏相应的理论基础。有学者围绕校本课程开发中的资源建设，提出了四种基本模式。[③] 还有学者依托核心素养、需求分析等理念对校本课程的开发模式展开了广泛讨论和探索。

校本课程开发虽然在我国尚未形成成熟稳定的开发模式，但相关研究呈现较快增长趋势。学者的研究领域从概念界定、内涵探讨、价值分析等逐步转向课程的具体开发与实施，学者同时对实施过程中的许多问题进行了反思。我国的课程改革还将持续深化，这也就意味着校本课程开发在我国仍处于不断改进阶段，在开发和实施中还存在许多尚未发现和解决的问题。

（二）我国校本课程开发的实践探索

我国的校本课程开发起步较晚，20 世纪 80 至 90 年代首先在香港受到关注，20 世纪 90 年代后期才渐渐在内地受到关注。

1988 年，我国香港地区推出“校本课程项目计划”，该计划强调教师在课程开发过程中的主体地位。但实际上，我国香港地区的教育权利并没有下放到学校，教师在很长一段时间内并无课程开发权，所以，行政力量成为香港地区推行校本课程开发项目的主导力量。

内地对校本课程开发的大规模研究和探索始于 20 世纪 90 年代。《全日制普通高级中学课程计划（试验修订稿）》中指出，学校应合理设置本校的任选课和活动课，且规定了这一部分课时占周总课时的 20%至 25%。这从制度层面肯定了学校和教师等有关人员在校本课程开发中的地位和权利。[④] 吴刚平对校本课程开发的类型、特点、条件等进行了较为系统的分析。崔允漷从辩护和批判两个角度探讨了校本课程开发的走向，对校本

① 俞晓东.校本课程开发：案例与反思[J].教育探索，2005(4).
② 席永强.校本课程的开发模式[J].中学政治教学参考，2015(27).
③ 杨静娟.校本课程开发及模式建构[J].教学与管理，2018(20).
④ 沈兰.课程权力再分配：校本课程政策解读[J].教育发展研究，1999(9).

课程开发提出了一些有益的建议。

经过多年的探索与发展,国内的校本课程开发取得了可喜的成果。随着越来越多的学校注重校本课程开发的实践,我国涌现出了一批优秀样本。

四、我国校本课程开发的过程

校本课程开发形式多样,学校要依据自身的特点来确立校本课程开发模式。在不同学校的教育实践中,校本课程开发的实施也不尽相同。但总的来说,其开发过程大致相同。一般来讲,一个完整的校本课程开发过程应涉及这样几个步骤:确立目标、选择内容、编写教材(现在多指学材)、开展教学实践、进行多方位的评价和反思等。[①] 综合这些步骤,校本课程开发的过程可以分为情境分析、主题选择、资料搜集、教学设计、教学评估、课程实施六个步骤,见图 5 - 10。

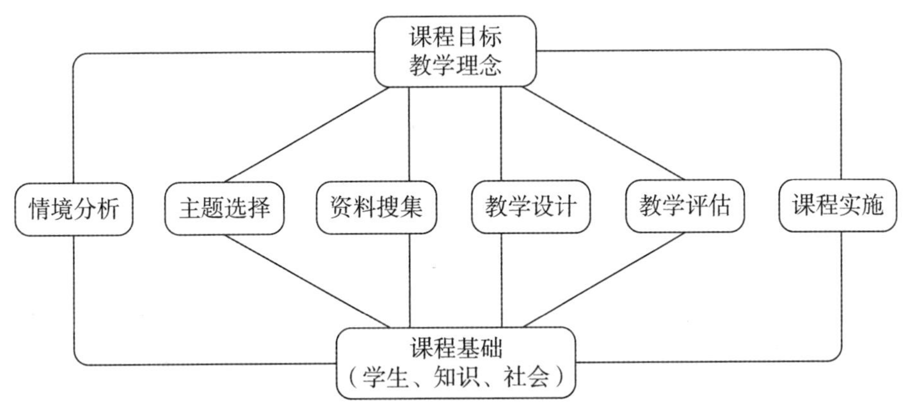

图 5 - 10　校本课程开发过程示意图[②]

(1) 情境分析,即对教学环境和学生知识背景等进行分析。每所学校所处的教学环境、自身的教学特色和教学理念以及学生的知识背景都存在差异。在课程开发前,教师要精准分析以上情况。这样设计出的课程才符合本校学生的特点。

(2) 主题选择,即在课程目标指导下进行课程主题的选取。主题选择不仅要满足课程目标的要求,还要体现出学校独特的教学理念和办学特色。主题并不局限于一个或几个,它可以是一个由核心知识统领的知识网。教师在选择主题的过程中可以集思广益。

(3) 资料搜集,即搜集与主题相关的课程开发资料。资料搜集过程中可以采用分工

① 王斌华.校本课程论[M].上海:上海教育出版社,2000.

② 高云庆.校本课程开发:理念与框架[J].兰州大学学报(社会科学版),2002(3).

协作的方式，充分挖掘学校、学生、社会的现有资源，尽可能多地搜集与主题相关的资料。

（4）教学设计，即在课程主题和课程目标统领下对校本课程内容进行设计。教学设计直接影响教学效果，所以，在进行教学设计时，教师应始终以学生为中心，遵循课程目标的要求，注意主题之间的调配并兼顾认知、情感、技能三大学习领域。

（5）教学评估，即对学生个体的评估、对教学过程的评估、对教学内容的评估。① 对学生个体的评估应关注每个学生的学习特点、学习需求和特长；对教学过程的评估应关注教学过程中的师生互动和生生互动情况；对教学内容的评估应注意质与量的统一，坚持客观性、公平性原则。

（6）课程实施，即真实课堂中的课程教学实践。在实践中，学校不仅可以检验校本课程的有效性，还可以发现其开发过程中的不足之处，积累校本课程开发的经验，所以，课程实施是校本课程开发过程中很重要的一个环节。

以上步骤不必按直线式进行，可以是一个循环往复、螺旋上升的过程。教师是校本课程开发的关键力量。教师在课程开发前必须深入理解相关的教育理念，充分把握学生、知识与课程之间的关系，了解学生的需求、兴趣点和能力等。

五、讨论与建议

校本课程开发在国外通过长时间的探索和实践，形成了较为成熟的开发模式。后期传入我国虽经历了蓬勃发展期，涌现出了不少较为优秀的实验区和实验校，但尚未形成统一、成熟且具有我国特色的开发模式。校本课程是一种不同于国家课程的新型课程形式，这种课程形式与我国传统制度和教师思维习惯存在一定的矛盾。我国的教育生态环境还不够完善，这可能让校本课程开发在观念和制度层面有一定的压力。因此，学校应充分认识到校本课程开发的长期性和复杂性，在进行校本课程开发时切实转变观念，深刻认识到校本课程开发对学生未来发展的重要性和迫切性。通过对国内外校本课程开发模式与实践现状的梳理和研究，笔者认为，在校本课程开发中仍应注意以下几点。

（一）校本课程设置应有办学理念的统领

在校本课程开发过程中，只遵循基本开发流程而缺少学校办学理念统领的校本课程开发是没有灵魂的，不能只把开发重点和注意力放在开发方式、开发过程上。校本课程

---

① 高云庆.校本课程开发：理念与框架[J].兰州大学学报(社会科学版)，2002(3).

开发应与学校办学理念、办学特色、校园文化具有内在的一致性。校本课程开发应依附于学校整体的特色发展视域，二者形成合力，才能促进学生成长。

（二）校本课程开发应体现兴趣优先、资源为本

校本课程的内容选择与组织应体现兴趣优先、资源为本。校本课程有别于国家课程，具有浓厚的地域特点、学校特色。在校本课程开发过程中，学校要立足现有资源，进一步明确开发理念，调整开发方向，与传统文化相结合，与地方特色相适应，与学生兴趣相融合。校本课程开发要关注到学科之间的整合，教师在实践过程中要进行有效的课堂教学。这样才可以使校本课程开发更具特色，生命力更强。

（三）学校应增强教师的开发意识和开发能力

我国的课程研发、教材编写通常由国家教育部门主导。广大教师作为校本课程开发的实施主体，大多没有参与过校本课程开发活动，缺乏与课程开发相关的经验和理论。同时，我国缺少针对校本课程开发的专门培训，因此，绝大部分教师都缺少课程相关知识和课程开发技能。这也导致部分教师的课程开发意识淡薄，参与课程开发的积极性较低。所以，在校本课程开发过程中，学校应进一步增强广大教师的开发意识和开发能力。

（四）学校应改进评价机制，倡导多角度、多层面评价

多元评价理念强调多元的评价主体、评价对象和评价方法。其中，评价主体多指校长、教师、课程专家、学生、家长等。评价对象要涉及校本课程开发的每一个环节。评价方法包括但不限于行动评价、质性评价、形成性评价、激励性评价等。多元评价理念不仅可以帮助学校加深校本课程开发的深度，还可以拓宽校本课程开发的广度。

第六章

课程深化

经过对我国中小学校本课程开发的理论和实践剖析，可以总结出校本课程开发需要深化的几个点。课程的治理主体，从校长到教师，到家长，再到社会人员等，逐渐朝着多元共治的方向发展。课程文化方面，需要形成文化自觉，并逐渐形成本土理论与实践样式。在“双减”政策下，教师只有积极应对挑战，才能端正心态，奋力向前。实践活动课程、主题综合课程、项目化学习课程等跨学科形态的课程大量出现，并在学校里广泛实践。翻转课堂、区块链技术等先进技术的发展，改进着课程开发的技术维度。课程评价方面，由注重过程性评价和终结性评价，逐渐发展到探索增值评价和综合评价。这一切的变化都推动着校本课程开发的逐步深化，也给广大学校和教师带来新的机遇和挑战。

第一节　课程治理

自我国实行三级课程管理体制以来，学校获得了更多的课程开发自主权，这种自主权也让学校的课程开发吸引了更广泛的社会力量。学校内部的管理者、教师和学生，学校外部的家长、机构、社区和个人等，在教育生态观的号召下，在学校的课程开发领域发挥着比以往更大的作用，形成了一种多方参与的局面。多方应如何联动？又分别处在一种什么样的状态？怎么从多方联动走向多方共治？这些问题都值得深入思考。本节引入教育生态学的观点，对学校的课程开发进行思考。

教育生态学把教育理解为一个"与自然的、社会的、经济的、政治的、文化的生态环境关系密切的，由时间和空间构成的，开放而实在的生态系统"。[①]教育生态是指对教育活动的存在、生产和发展起着限制、规范作用的多元主体和环境，是教育主体与外部环境之间关系运动的总和。[②]简而言之，教育生态观运用生态学的原理和方法，以系统观、平衡观、联系观、动态观来考察教育问题。[③]它的方法论精髓在于整体关联和动态平衡。[④]用教育生态观来审视学校的课程开发，剖析多元主体参与的原因、困境，并给出课程开发改进的建议，或许可以给实践中的课程治理带来新的启发。

一、多元主体参与课程开发的原因

（一）世界范围内课程开发的推动

欧美国家自新课程运动失败后就逐步减少了政府对于课程的控制，走上了校本课程开发之路，更加追求国家课程与校本课程开发的平衡。学校课程开发是 20 世纪 70 年代后在英美国家受到广泛关注的一种课程开发形式，它与国家课程开发相对应，促使课程开发从集权走向分权。地方及学校逐渐拥有了一定的课程开发权，这也增强了课程对于

---

①②　范国睿.教育生态学[M].北京：人民教育出版社，2000.

③　张勇，陈恩伦，刘佳.学校教育生态的技术治理审思[J].中国教育学刊，2021(4).

④　刘贵华，朱小蔓.试论生态学对于教育研究的适切性[J].教育研究，2007(7).

地方和学校的适应性，使课程能够满足地方、学校、教师、学生发展的实际需求。由此，课程开发参与主体更加多元，涵盖教育行政人员、课程专家、教师、家长和学生，多元主体共同参与课程开发成为趋势。

（二）我国课程改革政策的支持

1999 年，《中共中央 国务院关于深化教育改革全面推进素质教育的决定》中提出，要调整和改革课程体系、结构、内容，建立新的基础教育课程体系，试行国家课程、地方课程和学校课程。[①] 2001 年，《基础教育课程改革纲要（试行）》中提出，为保障和促进课程适应不同地区、学校、学生的要求，实行国家、地方和学校三级课程管理。这代表着课程开发权向地方和学校下放，学校拥有了更多的课程开发自主权。

（三）多元主体课程开发意识和能力的增强

从参与主体的角度来看，校本课程开发实质上是一个以学校为基地进行课程开发的开放民主的决策过程，即校长、教师、课程专家、学生、家长、社区人士共同参与学校课程计划的制订、实施和评价活动。[②] 这一理论强调多元主体共同参与，既推动了对校本课程开发概念的理解，也推动了校本课程开发的实践。2004 年后，课程改革试验由试点进入全面推广，校本课程开发如雨后春笋般破土而出，研究成果更是随之激增。[③] 多元主体参与课程开发的意识觉醒，能力也不断提升。如教师作为课程开发主体的作用不断显现，以教师为主体的个人或者团体，开发出了多样化的校本课程。专业机构、社区、企事业单位作为必不可少的社会力量，以咨询、外包、教学等形式参与到课程开发之中，甚至成为课程实施的主体。

二、多元主体参与校本课程开发的治理困境

课程开发是一项复杂的系统工程，多元主体的参与使得课程开发主体的协调、联动变得更加复杂。用教育生态学的观点来审视当前的课程开发，多元主体参与课程开发的生态并不均衡，主要存在以下问题。

---

① 中共中央 国务院.中共中央 国务院关于深化教育改革全面推进素质教育的决定.[EB/OL].(1999－06－13)[2020－07－20].http://www.moe.gov.cn/jyb_sjzl/moe_177/tnull_2478.html.

② 崔允漷.校本课程开发：理论与实践[M].北京：教育科学出版社，2000.

③ 杨新宇.近二十年我国校本课程开发研究的回顾、反思与展望——基于 CiteSpace 的可视化分析[J].教育探索，2020(4).

（一）学校内部主体参与力量失衡

学校管理者和教师等是课程的主要设计者、决策者、使用者和评价者。在参与校本课程开发过程中，不同主体的参与力度不同，其中存在一些不尽合理之处。

1. 作为开发主力军的教师负担过重

在实际开发过程中，教师是课程开发的主力军。课程权力下放给教师后，教师在课程开发过程中面临着很多困境，包括工作分配不均、课程理论缺乏、意识能力受限等。[①]因此，教师在课程开发中面临着较大压力。教师在承担教育教学任务、班级建设与管理工作的同时，还要承担起课程开发的任务，精力和时间上难以保障。部分教师还要受到自身专业能力和自我效能感的限制。学校如果缺乏相应的考核激励，很难发挥教师在课程开发中的作用，课程的开发质量也就得不到保证。教师对课程开发的接受度、适应度以及教师受到的支持力度是影响教师胜任课程开发主体角色的关键因素。

2. 作为利益相关者的学生和家长被动滞后

课程的直接使用者是学生。学生通过课程学习，获得某一方面的能力发展。如果学校不考虑学生的兴趣或者实际需求，开发出的课程就无法与学生产生共鸣。然而，在课程开发实践中，仍然存在着只关注学校特色发展、忽视学生的课程开发行为。

家长的课程开发主体地位没有得到承认。家长资源作为重要的课程资源，直到现在仍然没有得到部分学校的高度重视和有效挖掘。这其中有家长自身的原因，如部分家长参与课程开发能力有限。此外，有学者指出，当前家长参与课程开发合作的困难之处在于，中小学教师和校长在课程开发过程中的自我保护和恐惧感。[②] 如何化解家校合作矛盾，使家校高效团结地致力于学校课程建设，是学校领导及教师需要深入思考的问题。

（二）学校外部主体参与较少，力量薄弱

1. 教育行政部门参与力度不够

在校本课程开发中，教育行政部门作为课程开发的支持者、引导者、调控者，其作用不容忽视。遗憾的是，部分教育行政部门对学校层面的课程开发缺少及时有效的审议、指导与帮助。此外，多元主体参与学校课程开发建设，难免会造成课程开发质量良莠不齐的情况。教育行政部门如果不能及时有效地管理与引导，就会导致校本课程开发呈现放任自

---

① 朱羽洁.课程开发主体的研究综述[J].空中英语教室:新教师教学，2011(6).

② 张万波，安荣.论影响校本课程开发的人员因素[J].现代中小学教育，2005(8).

流、各行其是的状态，无法促进学校的长远发展，更不利于区域整体教育质量的提升。

2. 社会力量稀缺且低效

校本课程开发虽以学校为主阵地，但为了整合有利的教育资源，学校需要结合校内外力量，依托社会机构、企业或个人等深入推进相关工作。社会力量参与校本课程开发是新时期课程治理的典型特征，对课程开发有着监督和影响方向的作用。社会力量参与校本课程开发中存在的主要问题是参与不够和低效参与。参与不够的原因是，受课程权力的缓慢社会化影响，社会力量参与校本课程开发的自觉意识和行为缺失。低效参与的原因是，社会力量发展的不平衡导致了参与主体的单一，各种社会力量无法均衡地参与到课程开发之中，社会力量中的不同组织机构或个人容易因其利益和行为造成决策冲突，形成恶性竞争，以至于课程活动中的权力运用非常混乱。①

（三）不同主体之间的合作松散且层次较浅

1. 民主性缺失与积极性调动冲突

当前，越来越多的学校成为课程开发的主要阵地，然而在课程开发的过程中，不同主体之间的合作松散且层次较浅。校长负责制的制度体系在课程管理方面容易导致课程开发权利集中的问题，权利要么集中在校级领导，要么集中在少数骨干教师，这可能会造成课程开发与管理民主性不够的问题。部分教师无权参与课程开发，部分教师课程开发任务过重，这两个极端都会使教师游离在课程开发的边缘。如何充分调动全校资源，使教师、家长和学生都参与到课程开发之中，同时拓展校外资源，寻求教育行政部门以及其他社会力量的广泛支持，成为学校管理者迫切需要思考的问题。

2. 呼吁有效合作机制的建立

不同主体参与到课程开发之中，较大程度上保证了课程开发的民主性、课程内容的有效性、课程实施的灵活性。但多元主体参与的校本课程开发，困难之处在于如何建立有效的合作机制，使其合作更加紧密，更好地发挥作用。

校本课程开发当前处于深化发展时期，学校管理者和教师在课程开发中需要获得更为广泛且可持续的援助，包含教育行政部门在资金和技术上的支持、课程专家与学者深入的课程理论指导、家长和社会资源的广泛支持等。各方积极合作，才能为课程开发提供充足的人力、物力、制度等保障。各方要积极探索高效的合作机制，构建使学校、家庭、

---

① 罗生全，靳玉乐.社会力量：课程变革的第三领域——一种基于课程权力的有效参与[J].中国教育学刊，2007(1).

社区、社会紧密联系的课程体系。

三、教育生态学视角下的课程开发治理改进

（一）培植多元主体参与校本课程开发的文化土壤

目前，课程开发权利下放到学校，开发者需要认真思考如何合理使用课程开发权利。学校要积极探索合作、对话与探究的课程文化，在此基础上，改进学校的课程管理。在管理方式上，学校要采用开放民主的方式，逐渐形成多元的课程模式；在管理理念和价值取向上，学校要秉持正确的课程理念和育人目标，规划课程发展的蓝图和方向；在课程决策上，学校要给予多元主体更多参与决策的机会，结合相关建议，合理选择课程内容、课程组织形式和实施方式，并对课程实施效果进行评价，进一步指导课程的优化设计；在课程资源利用上，学校要积极吸纳社会力量，调动社会机构、企业单位、社区或个人的积极性，使其为学校课程开发提供更多优质资源；在课程评价上，学校要采用更加系统且有针对性的激励性评价，促进学生的发展。

（二）探索多元主体参与校本课程开发的系统模式

在多元主体参与的情况下，应遵循怎样的路径进行校本课程开发，成为管理者必须要思考的问题。泰勒在《课程与教学的基本原理》一书中论述了课程开发的目标模式（包括确定目标、选择教育经验、组织经验、评价四个阶段），确定了课程开发与研究的基本思路。该模式较为系统且简洁明了，至今仍被视作课程开发的标准框架。惠勒（D.K. Wheeler）进一步发展了泰勒的目标模式，把直线模型转变为圆圈式模型（见图 6－1），弥补了泰勒目标模式忽视反馈和调整改进的不足。[①]

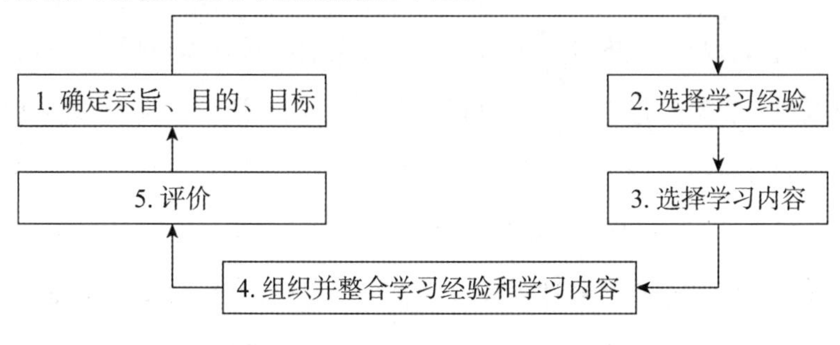

图 6－1 惠勒的课程开发模式

① 张华.课程与教学论[M].上海：上海教育出版社，2000.

校本课程开发并没有一套固定的程序和方法，研究者往往是在总结各种理论成果和实践经验的基础上，勾勒出校本课程开发的一般流程。除课程目标的设置和课程内容的选择、组织、评价外，研究者大多提及了环境分析，它是指对社区等外部环境与学校内部教师需求及课程开发条件等进行分析。此外，校本课程开发以学校为中心，开发者要关注学校教育哲学，明确学校的教育理念和未来持续发展的方向，同时紧密关注学校发展变化过程，及时对课程开发设计进行调整。以上述理念为指导，笔者尝试构建出可供学校参考的校本课程开发模式，包括分析环境、设置课程目标、组织课程内容、实施课程、评价课程五个步骤(见图 6－2)。

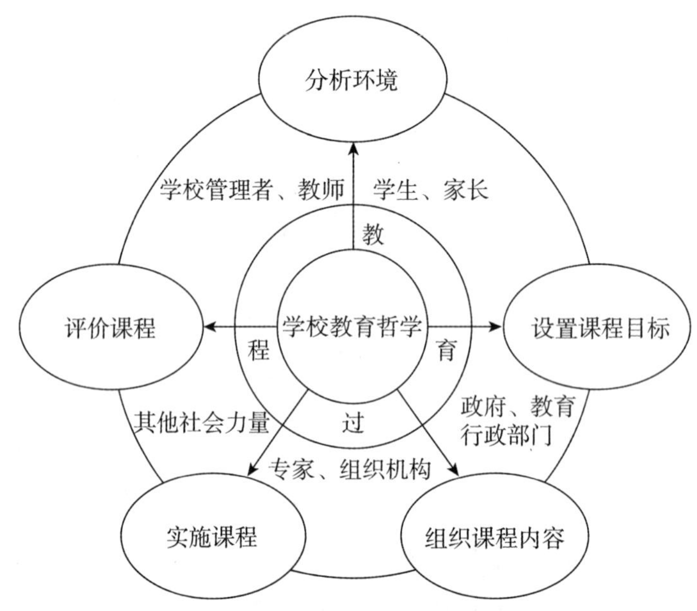

图 6－2　多元主体参与校本课程开发的模式建构

分析环境是指分析学校内外环境、资源，明确发展的长处和短板，进行需求评估和问题反思。设置课程目标是指围绕学校教育哲学，确立校本课程开发的总体目标和具体目标。组织课程内容是指合理选择课程内容，确定内容的组织和呈现形式。实施课程是指关注学校教育哲学，以学生为本，用理论指导教育实践，关注教与学的过程。评价课程是指对校本课程开发的已有环节和课程本身的合理性进行评价，收集反馈意见以指导现有课程的修订及后续课程的开发。这五个步骤互相联系，但并无严格的顺序，开发者可从任意一个步骤切入，再进入其他步骤，也可多个步骤同时进行。这五个步骤都以学校教育哲学和实际的教育过程为参考依据，可以不断调整、深化。参与主体涵盖学校内外不同成员，各方共同为校本课程开发贡献力量。

（三）建立多元主体参与校本课程开发的合作路径

在多元主体参与校本课程开发的过程中，不同主体发挥的作用并不相同。如何促使各方积极合作，避免人力的浪费和低效合作是课程开发各环节均需要关注的问题。立足不同主体的作用职责，笔者尝试构建多元主体参与校本课程开发的合作路径（见图 6 - 3）。需要强调的是，不同主体在校本课程开发中是紧密团结在一起的。在合作过程中，各方没有高低等级、领导者与被领导者之分，而是有着共同的身份，即合作者。

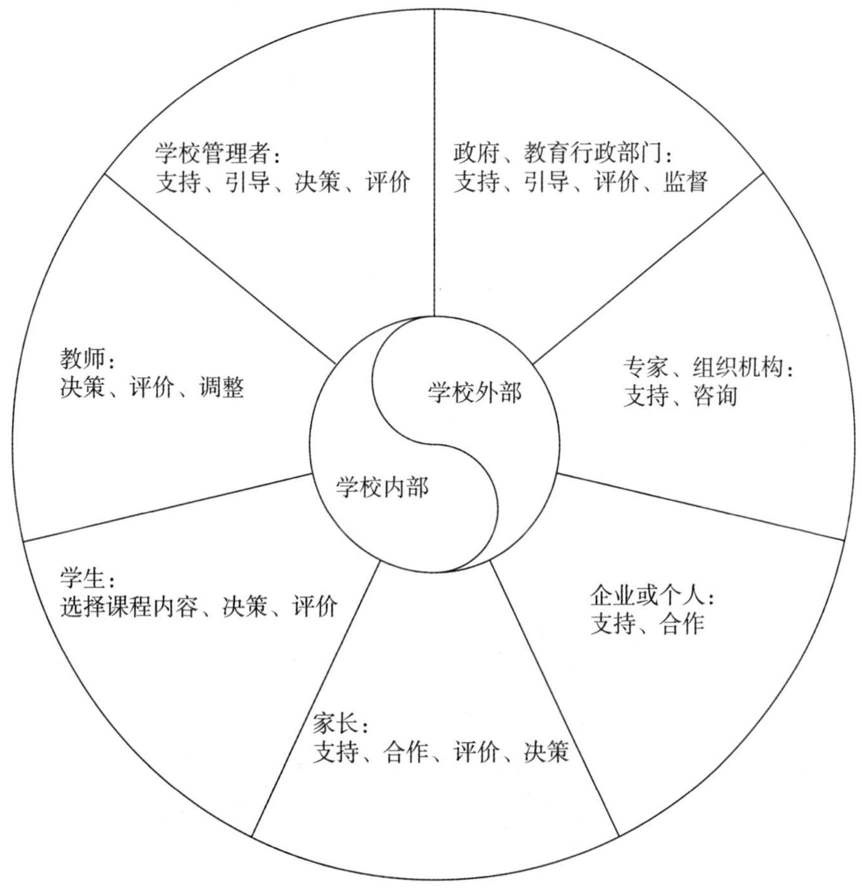

图 6 - 3　多元主体参与校本课程开发的合作路径

在多元主体参与校本课程开发的合作路径中，不同主体融合为一个整体，充分体现了“内外结合”的原则，打破了以往局限在学校内部，仅仅由学校内部成员（主要是教师）进行课程开发设计的局面。

聚焦到学校内部，学校管理者要充分重视校本课程开发工作，把课程视为学校的命脉，为课程开发提供必要的环境、制度、文化支持。学校管理者要在明确学校发展理念和育人目标的基础上，鼓励并引导校内外人员共同参与学校课程建设，打造特色学校，促进学校可持续发展。教师作为课程设计、实施与评价的关键主体，应提升自身的课程开发意识与能力，加强与相关机构和人员的沟通合作，提升自我的实践与反思水平。学生是学习的主体，有权对课程内容进行选择与评价。学校在课程开发过程中应充分尊重学生的意愿，通过开展调查或举办座谈会的方式，让学生参与课程开发与评价。家长作为参与学校建设的重要人员，有大量的时间和机会深入学校内部。家长是课程开发设计的合作主体之一，享有决策与评价的权力。学校应充分发挥家长在课程开发中的作用，寻求家长的支持与合作。

扩展到学校外部，政府和教育行政部门应加强对校本课程开发的规划和引导，提供必要的经费和人员支持，同时加强监管与评价，保证课程开发的质量，促进优质教育资源在各校之间的协调分配。专家和组织机构应发挥问询和诊断功能，兼顾教师、学生、学校的发展需求，为学校课程开发工作提供理论和实践指导，尤其要注重课程设计的规范性。企业或个人等作为重要的社会力量，可以为学校课程开发提供必要的资源支持，促进学校与社会的联结，促使学校课程贴近生活实际，进而促进学生综合能力的发展。

校本课程开发过程中要尽可能发挥多方作用，同时关注并反思合作过程中出现的问题，促进多主体参与的课程开发工作不断改进、完善，以此促进学校可持续发展，进一步推动我国基础教育课程改革。

第二节　课程文化

中华人民共和国成立以来，课程文化的发展先后经历了文化自闭、文化迷失、文化开放、文化自觉四个阶段。进入 21 世纪后，由于新一轮基础教育课程改革的推进需要课程文化自觉的引领，关于课程文化自觉的研究成为一大热点。越来越多的研究者从文化自觉的视角解读文化转型、相关政策、课程开发、课程实施、课程创新等。无疑，课程文化自觉的提升，将更加深入地引领课程改革的发展，也将推动课程开发的进一步深化。然而，我国长期受课程集权思想的影响，课程文化自觉的蒙醒比较晚。现在虽然相关研究越来越多，但仍然需要加强力度，切实分析研究的现状、问题，并进一步改进，以提升课程文化自觉，促进课程文化创新。

一、课程文化自觉的内涵

（一）课程与文化的关系

想要探求课程文化的内涵，就需要思考课程与文化的关系。长期存在的认识是，课程仅仅是传递文化的载体，如有学者认为，课程只能被动地反映文化、复制文化和传递文化，却不能主动地整合文化和创造文化。[①] 这种认识使得课程以工具性的姿态存在，而这种存在会造成课程文化品性的逐渐迷失。所以，有学者从“传”和“承”的角度提出，既要认同课程作为文化“传”的载体，也要突出课程作为文化“承”的含义，把课程本身理解为一种文化。[②] 有学者在研究学科课程实施时提出三种视角，即课程的文化、课程即文化、课程与文化[③]，并通过这三种视角去分析学科课程实施中的文化问题。

（二）课程文化的界定

帕梅拉·博洛廷·约瑟夫(Pamela Bolotin Joseph)在对不同学派、不同学者文化观念和文化思想等进行研究的基础上，把课程文化概括为课堂上和学校里公开或隐蔽的信念、行为、价值观体系。[④] 他把课程文化概括为不同类型，如依据课程取向分为工作与生存训练、承接圣典两种；根据社会眼光分为思考民主主义、正视主导秩序两种。

我国学者认为，课程文化可视作课程形态以及课程实践活动中体现的规范、价值、信仰和表意象征符号的复合体。这实际上融合了课程的物质和精神两个层面的内涵。[⑤] 有学者认为，良好的课程文化要基于儿童，倡导合作对话与创新创造。在课程文化的要素中，课程的价值取向受到广泛关注。李广等人从标准、心理、行为三方面把课程价值取向定义为：课程价值主体按照当前的认识水平，以一定的客观价值标准为依据，在课程价值实践过程中表现出的心理倾向与行为趋向，具有关系性、历史性、实践性等特征。[⑥] 他们还进一步研究了基础教育课程的价值取向特征，主要包括：(1)重视“双基”训练，忽视个性化学习；(2)重视逻辑思维培养，忽视感性素质开发；(3)重视传统伦理道德教育，忽

---

① 郑信军.课程的文化建构和文化关注[J].教育评论，2002(6).

② 王中男，贺巍巍.文化视阈下的课程异化与回归——试论课程文化品性的重建[J].广西师范大学学报(哲学社会科学版)，2008(2).

③ 王春晖，钟绍春，钟永江.文化视域下的初中物理课程实施[J].课程·教材·教法，2017(5).

④ 帕梅拉·博洛廷·约瑟夫，等.课程文化[M].余强，译.杭州：浙江教育出版社，2008.

⑤ 王一军，吕林海.学校课程能力建设：课程文化转型的视角[J].上海教育科研，2007(12).

⑥ 李广，马云鹏.课程价值取向：含义、特征及其文化解析[J].东北师大学报(哲学社会科学版)，2010(5).

视现实生存能力培养。[①]

（三）课程文化自觉的内涵

费孝通先生认为，文化自觉就是对文化的一种自知，生活在一定文化中的人对其文化有“自知之明”，明白它的来历、形成过程、特色和发展趋向。[②] 文化自觉是民族的自我意识，是民族对自身文化自知、自省和自我超越的意识。我们可以从三个层次来理解：(1)文化认同，即认同自身文化；(2)文化反思，即对自身文化进行反思；(3)文化超越，即形成文化变革与发展的意识。简而言之，文化自觉就是对文化的一种清醒、清楚的理性认识、反思、批判、选择和行动。[③] 有学者认为，课程文化自觉至少应包括以下几点：要了解自身课程文化的优势和弱点，扬长补短；要了解旧的课程文化，更新解释以寻求新的发展；要了解全球多元文化的存在，审时度势地参与世界课程文化的重组。[④]

二、课程文化自觉的研究现状

纵观学者对课程文化自觉的研究，可以归纳为三方面。

（一）关注课程的文化背景，从文化的视角理解课程

课程文化逐渐成为课程开发的一种研究背景或视角。有的学者从课程文化转型的视角分析学校课程能力建设，提出了一个与课程文化关联的分析框架[⑤]。有的学者从课程文化自觉的视角解读国家有关政策，如刘启迪解读了普通高中学生发展指导政策，以期提升学生的课程文化自觉[⑥]。有的学者从课程文化的视角分析某些问题，如陈静静和姜美玲分析了学生问题意识缺失的根源，并提出了创造民主性课程文化的诉求[⑦]。有的学者从学校文化建设的视角探讨学校改进策略，认为校长具有积极的变革意识是前提，外力的支持与援助是催化剂，策略和路径的选择是关键。[⑧] 有的学者从文化的视角研究

---

① 李广，马云鹏.我国基础教育课程价值取向的特征及其文化阐释[J].东北师大学报(哲学社会科学版)，2012(1).

② 费孝通.费孝通九十新语[M].重庆：重庆出版社，2005.

③ 雷晓云.课程文化转型及其机制探析[J].湖南师范大学教育科学学报，2009(5).

④ 王德如.试论课程文化自觉与创新[J].课程・教材・教法，2004(11).

⑤ 王一军，吕林海.学校课程能力建设：课程文化转型的视角[J].上海教育科研，2007(12).

⑥ 刘启迪.正确解读普通高中学生发展指导——基于课程文化自觉的视角[J].当代教育科学，2010(20).

⑦ 陈静静，姜美玲.学生问题意识缺失的根源分析——基于课程文化的视角[J].全球教育展望，2013(11).

⑧ 唐丽芳，马云鹏.以学校文化建设为视角的学校改进策略探索[J].教育理论与实践，2013(8).

美国课程史，提出课程理论也可以成为有意义的“文化批评”实践。[①]

（二）省思课程文化的转型，叩问课程文化的问题与原因

靳玉乐立足多元文化的视角，提出课程文化要从单一文化向多元文化转变，吸纳多民族的文化，在此基础上实现向全球化的转变，改革者要注意到外来文化的多样性。[②]雷晓云重点研究了课程文化转型及其机制，指出课程文化危机深化促使课程文化进行转型，这种转型意味着从一种课程文化模式向另一种课程文化模式的根本转换，体现出历史制约性和主体选择性的统一、断裂性和延续性的统一、整体性与渐进性的统一。课程文化所包含的超越性与自在性的矛盾是课程文化转型的动力机制来源，主要通过课程的自在文化与自觉文化的互动来实现[③]。雷晓云分析了课程文化超越性的“先天”不足，认为提升课程文化自觉是一个既蕴含深切理论关怀、又富有强烈实践意图的命题。课程文化自觉既是课程文化转型的深刻基础，是实现转型的动力，又是实现转型的标志，甚至是转型自身。

（三）直面课程文化的迷失，梳理清楚课程文化自觉的价值与框架

20 世纪初期，课程文化迷失成为很多学者关注的热点话题。王中男等研究了课程的异化与回归，认为不能仅仅把课程理解为传递文化的载体，而要把课程本身理解为一种文化，倡导课程文化品性的重建。[④] 王德如研究了课程文化自觉的价值取向和基本途径，认为课程文化自觉的价值取向就是按照一定的课程和文化的价值标准，对课程文化进行价值选择的理性动态过程[⑤]，而实现课程文化自觉的基本途径包括传统课程文化寻根、国际课程文化理解、本土课程文化生成[⑥]。

三、课程开发的文化自觉问题

（一）缺少文化的灵魂统帅

从实行国家课程、地方课程、校本课程三级课程管理体制至今已有 20 多年的历程，

---

① 何珊云.文化的视角：美国课程史的转向及其意义[J].教育学报，2014，10(1).

② 靳玉乐.多元文化背景中基础教育课程改革的基本思路[J].教育研究，2003(12).

③ 雷晓云.课程文化转型及其机制探析[J].湖南师范大学教育科学学报，2009(5).

④ 王中男，贺巍巍.文化视阈下的课程异化与回归——试论课程文化品性的重建[J].广西师范大学学报(哲学社会科学版)，2008(2).

⑤ 王德如.课程文化自觉的价值取向[J].教育研究，2006(12).

⑥ 王德如.课程文化自觉的基本途径[J].课程·教材·教法，2007(10).

从基础教育校本课程开发的实践可以看出，校本课程的门类、数量都比较多，有些学校形成了本校的课程体系，有些学校的校本课程仍较为零散。后者开发出的课程因为缺少学校教育哲学和办学理念的统领，成了没有灵魂的散沙。

（二）对文化的感觉失灵

教师的课程意识淡薄、课程开发能力不足，这是长期存在且影响校本课程开发的主要问题之一。可以说，这个问题至今依然没有很好地得到解决。在自身课程意识淡薄和课程开发能力不足的情况下，教师作为课程文化主体，要想感知文化甚至理解文化，就比较困难。而对文化的这种感觉失灵，会直接造成课程文化的缺失或者混乱。

（三）陷入技术困境

对于课程开发，学者基本达成的共识是，课程开发是一个系统的过程，包括课程设计、课程实施、课程评价、课程管理等。钟启泉认为，课程开发是新的课程的编订、实验、检验，改进，再编订、实验、检验……这一连串作业过程的整体。① 可见，课程开发过程中涉及大量的复杂的技术问题。这种技术问题的存在使得一部分课程开发走向了“技术决定论”。而“技术决定论”的取向又直接使得课程开发走向了理性的逻辑，注重控制、效率与预设性②。过分追求程序与方法的合理合规，使得教师成了被动的执行者，课程开发的创新性也消弭在这种技术取向中。此外，在当前的中小学课程开发中应用课程开发技术也存在一定的问题③，主要表现为中小学教师的课程意识淡薄和课程开发能力不足。大量的研究者在调查中发现，课程开发的首要问题依然是教师的认同度低、意愿不强和课程开发的知能不足④。

四、提升课程开发文化自觉的策略

（一）加强课程文化的系统设计

要提升课程开发的文化自觉，首要的就是加强课程文化的顶层设计。设计者要遵循学校的教育哲学和办学理念，组织相关人员认真解读和领会，根据学生的发展需求，确定

---

① 钟启泉.现代课程论[M].上海：上海教育出版社，1989.

② 辛继湘，杨志平.学校课程创新的文化取向：动因、特征与路径[J].湖南师范大学教育科学学报，2021(4).

③ 鲍道宏.校本课程开发的技术问题及文化学研究[J].基础教育，2016，13(6).

④ 谢翌，刘伟荣.关于校本课程实践的反思——基于江西省“校本课程实践总结”的研究[J].课程·教材·教法，2012(10).

课程开发的价值取向和定位。价值取向的确定是课程文化自觉的核心问题。有学者建议，在确定课程开发的价值取向时，学校要自觉地彰显学生的主体性发展，使科学人文性成为课程文化的重要特征，寻求人、自然、社会和谐统一的课程生态观，保持一元与多元的张力，深入理解课程①。确定课程开发的价值取向后，在进行课程开发的系统设计时，学校要把课程文化系统地体现在课程的各个环节中，彰显学校的特色课程文化。

（二）唤醒教师课程文化的知能

学校要唤醒教师的课程文化知能，让教师能够意识到文化的存在，加深对课程文化的理解。教师先要理解课程，才能理解课程文化。教师必须敏锐地洞察、理解和把握课程的多重属性，从主体、关系、价值、过程、复杂、多元等视角理解课程。② 如何理解课程文化？约瑟夫提出了课程文化分析的框架。对于“如何让教师意识到文化的存在”这一问题，他给出了回答：在比较、提问、反思中分析课程文化。③ 理解课程文化后，教师还要实现与课程的融合，形成一些关键能力，如知识整合能力、课程演绎能力、实践反思能力。④ 总而言之，学校要重点唤醒教师的课程文化知能，让教师在理念和价值学习中提升课程文化的底蕴，在课程开发实践中不断总结反思，实现课程文化自觉，最终实现课程文化创新。

（三）走出开发技术的壁垒

因教师课程意识淡薄和课程开发能力不足，课程开发受到限制。因过分重视开发的程式，课程开发又陷入“技术决定论”。课程开发始终受到技术问题的影响。为了解决这个问题，需要从技术取向走向文化取向，激发教师的课程文化自觉。在唤醒教师课程文化知能的基础上，学校应借助专题培训与研修解决开发技术应用相关问题。学校应重新审视课程开发的价值取向，在追求课程文化（尤其是本土特色课程文化）的过程中，破除对技术的崇拜，走上课程文化自觉之路。

第三节　教师心态

当前，经济、科技迅猛发展，使社会领域产生了一系列的变革。在这样一个充满变化

---

① 王德如.课程文化自觉的价值取向[J].教育研究，2006(12).

② 沈建民.走向“自觉”的课程创生——教师课程创生素质的提升与学校课程文化氛围的创设[J].教育发展研究，2011(12).

③ 樊丰富.约瑟夫课程文化思想及对高职课程建设的启示[J].黑龙江高教研究，2012，30(2).

④ 廖婧茜.核心素养时代教师课程适应的“难为”与“可为”[J].四川师范大学学报(社会科学版)，2020，47(4).

的时代，教育领域同样面临一系列新的挑战。新的教育理念、教学方式席卷教育的各个方面，学校作为育人的主体单位，应承担起教育变革的重任，而在这一过程中，教师的变革意识和能力受到广泛关注。

态度是行为的先导。教师以怎样的心态应对课程变革的挑战，将直接影响教师在课程变革中的行为表现。积极的心态将促进教师主动适应新课程，从而获得更多的发展机会；消极的心态会影响教师在课程变革中发挥自己的才能，不利于教师的发展与课程变革的实施。因此，关注教育领域课程变革的进展情况，首先应关注直面课程变革的教师的种种心态问题。

一、教师心态的内涵诠释

郅庭瑾等基于调查研究结果，对教师专业心态的内涵和特征进行了界定，认为教师的专业心态是教师在其自身的教育教学实践中自发形成的一种朴素、直观、具体的心理活动，具有一定的持续性和稳定性。[①] 教师心态不是某一位教师的心态，而是指教师这个群体的心态，具有明显的社会性和集体性。教师心态是指教师在面对教育工作时，由当前工作状态和过去经验引起的在一段时间内相对稳定的心理状态，其核心外在表现是教师的情绪状态和行为方式。

二、教师心态的表征与归因分析

教师心态是影响课程开发的重要因素。在课程变革中，教师心态呈现出群体极端化特征，部分教师对课程变革持积极的态度，部分教师对课程变革持中立或抵抗的态度。

不同的态度往往会使教师产生不同的行为。为了分析教师在课程开发中的心态，我们还以校本课程开发参与者的身份进行了田野观察，重点观察、记录校本课程开发中的教师心态表征。分析相关数据得知，教师在校本课程开发中的心态主要表现为积极和消极两种。

（一）积极心态的表征与归因分析

1. 具体表现

（1）自信、热情：胜任

在课程开发过程中，部分教师表现出自信、热情的积极心态。他们大多对教育变革

---

① 郅庭瑾，马云，雷秀峰，等.教师专业心态的当下特征及政策启示——基于上海的调查研究[J].教育研究，2014(2).

充满热情，主动对当前课程与教学领域一些陈旧的制度、方式等进行反思与质疑，并能够保持激情，运用自身力量推动课程变革。这类教师一般是学校中有着丰富经验和精湛教学技艺的专家型教师，或者是年轻有活力且掌握了较多先进教学理念的改革型教师。他们作为推动学校课程变革的“领头羊”，始终走在课程变革的前列，大刀阔斧，推陈出新，为学校营造出锐意进取、敢于创新的良好氛围。

（2）积极乐观：主动适应

当被安排了参与校本课程开发的任务时，具有积极乐观心态的教师会主动去适应它、接受它、挑战它。这些教师往往最先接受校本课程开发的新理念，从心理上真正认可校本课程开发，在实践中边摸索、边学习、边开发。因此，具备反思力和行动力的教师会以积极乐观的心态应对课程变革，与课程管理者进行沟通、协调，或根据实际情况进行适当的课程改进，以实现课程开发最理想的成果。

（3）好学执着：迎接挑战

校本课程开发对教师提出了更高的要求，当教师自身储备的知识不能满足校本课程开发的需要时，这就变成了一种充满智慧的挑战。有的教师会学习相关的专业知识，掌握先进的教育技术……在校本课程开发中，他们积极、努力地设计好负责的校本课程，使用好相关课程资源，不断更新教学理念，创新教学方式，不断给自己“充电”，用积极好学、攻克难关、勇于探索的心理状态去面对校本课程开发中的问题与挑战。

2. 归因分析

（1）内部因素：身份认同和自身专业水平

对课程开发持积极心态的教师，普遍拥有较高的专业能力，并且有较高的身份认同感。当教师有较高的身份认同感时，他们会自觉把工作当成责任去认真完成。他们会认真钻研、探究，丰富自身的教育理论知识，学会在教学实践中发现问题，运用习得的教育理论来研究和解决问题。他们相信自己能够胜任课程变革，充满自我效能感，往往以积极的心态投入到课程开发中去，寻求应对课程变革的有效策略。

（2）外部因素：健全的支持与鼓励机制

学校如果能够提供足够的支持与鼓励，便能大大激发教师的自我效能感、职业幸福感和职业认同感，从而促使教师以积极的工作态度投入课程变革，勇于尝试与挑战。在学校内部，领导者往往能够为教师提供舒适的学习环境，鼓励教师开展合作与互助，交流课程开发的相关举措。部分学校还会调动有利资源，如邀请专家来对教师进行专业的培训，让教师有信心、有能力来应对课程变革。在社会层面，得到的认可度越高，教师越能体验到职业带来的自尊、自信，从而有动力参与新的课程开发，不断提升自己的专业水平。

（二）消极心态的表征与归因分析

课程开发会伴随着新的教育教学理念和教法的产生，这种新事物难免会给教师带来一些前所未有的冲击和挑战。这些新的教学观念、教学模式会与教师以往的或传统的教学观念、教学模式发生激烈的碰撞。作为课程开发的直接参与者，教师势必会感受到课程开发所带来的巨大压力。如果教师不能正确面对和处理压力，就会出现种种消极情绪及行为表现。

1. 具体表现

（1）中立：冷漠观望，得过且过

在课程开发中，部分教师会采取一种较为保守中立的做法，即持冷漠观望、得过且过的态度。他们既不挑战课程设计者的权威，又不愿要求自己做出改变，迎接课程开发。课程实施的过程往往是缓慢的，其效果的显现也是有一定延后性的，这难以满足持中立态度的教师的需求。他们渴望能够立竿见影地看到课程开发的优势、成果，包括对学校、教师以及学生的有利影响。一旦达不到这种要求，他们便会对课程开发持全盘否定的态度。教师在课程开发中持消极态度，注定不会付出努力，更不会取得丰硕的成果。这种消极的态度对课程开发非常不利。

（2）惰性：拖延不做

我国长期使用统一的课程、教材，使用统一的教学计划、教学内容，这使得部分教师养成了一种依赖统一、继承传统的惰性心理。这种心理容易导致教师墨守成规，保守教学，从而使得部分教师的创新意识薄弱。这种“在教学中不求有功但求无过”的散漫态度，对于需要创新和探索的校本课程开发来讲非常不利。这种态度在实践中表现为：当课程开发任务到来时，部分教师不拒绝参与，在公开场合也显得十分配合，但却没有采取实际行动，或者不肯花心思认真去做事。

（3）敌对：抵制、规避

课程开发中，部分教师会产生明确的抵制和规避心态。这类教师往往较为保守，不愿意接受新事物。当教育领域或学校内部主张进行课程开发时，他们本能地持敌对态度。很多教师习惯于在自己熟悉的领域展开工作，一旦发生变化，他们便容易感到不安和焦虑。尤其是对于深耕教坛数十年、拥有丰厚教学经验的教师来说，他们需要否定或调整自己的教学理念和方式，甚至抛弃自己的“教育法宝”，在未来的教育实践中做出更多的改变，提升自己的课堂创新能力，以应对教学过程中出现的问题。这使得部分教师心生畏惧，不愿去尝试和参与课程开发。①

2. 归因分析

(1) 外部因素：忽视教师的主体诉求和情绪体验

政策和行政的力量会推动课程开发自上而下展开，这让很多一线教师被动融入。在学校内部，课程开发一般也是自上而下由行政部门(校长、教导等)牵头并强力推进，普通教师的心态和想法容易被忽略。这样的开发路径容易使教师产生一种想法：课程开发是行政意志的体现，教师是被动的、边缘化的群体。这种教师与上级行政部门之间的疏离状态，难以调动教师参与学校课程开发的主动性和积极性。

教育行政部门支持力度不够。校本课程开发需要教育行政部门进行政策扶持和有序引导。但从当前的校本课程开发实践情况来看，开发过程中的许多环节并没有得到有力支持，相关的配套和保障措施还没有完整地建立起来。

(2) 内部因素：教师自身缺乏课程开发的意识和能力

部分教师缺乏课程开发的意识和能力。造成这种情况的原因主要有五方面。

一是教师观念陈旧，缺乏内在动力。由于工作较为稳定，部分教师容易丧失主动改革和探索的激情。他们的课程开发意识较为淡薄，难以意识到课程开发背后隐含的深层意义。依照惯性思维，这部分教师不会主动树立较高的教育理想，不愿主动扩充并更新自己的教育教学理念。长此以往，他们在专业发展上便会受到限制。教师的内在动力不足，学校的课程开发也会受到影响。

二是教师理论知识储备不足，缺乏专业知识的支撑。校本课程开发对教师的能力提出了较高的要求。当前，课程越来越趋向于促进学生综合素养的发展，相较知识习得，更看重学生运用知识的能力，以及情感、态度和价值观的发展。然而，现实情况是，很多教师难以适应课程开发中提出的转变理念和创新教学方式的新要求。如何协调知识传授和能力培养，如何处理重纪律规范和重个性自由发展的关系等问题令一线教师感到困惑。再加上一线教师教学任务较重、教育压力较大，在提升自身专业能力方面缺乏时间

① 操太圣，卢乃桂.抗拒与合作：课程改革情景下的教师改变[J].课程教材教学研究(中教研究)，2003(6).

和空间，这使得部分教师不愿意变革，停留在传统的教学模式里。

三是教师缺乏合作探究精神。校本课程开发不是某一位教师的任务，而应该依靠团队的力量。只有整个教师队伍的专业素质得到提升，校本课程开发才能获得成功。而在校本课程开发过程中，大多数教师都是靠自己的经验独自解决课程开发中出现的问题。教师与教师之间的合作较少，即使有合作，也较为浅显。这不利于教师专业发展，也不利于校本课程品质的提升。

四是教师对校本课程的内涵存在误解。有的教师认为开发校本课程就是开设兴趣班。有的教师认为校本课程就是教学生做手工、唱歌、画画等。正是因为这种误解的存在，许多教师认为开发校本课程是音乐、美术教师应该做的事情，其他学科的教师并没有开发校本课程的意愿和能力。其实，校本课程的内涵很丰富，这些片面的理解窄化了校本课程的内容，影响了校本课程的开发。

五是教师个性、心理存在差异。不同教师在教育教学中的心理诉求是不同的。有的教师喜欢挑战有难度的任务，喜欢接受新事物。有的教师喜欢一成不变的教学方式，不愿意改变既定的教学模式。一般情况下，学历越高的教师接受新事物的速度越快，年轻的教师比年长的教师接受新事物的速度快。所以，不同教师面对校本课程开发时表现出来的个性特征也是不同的。

三、教师心态的调适策略

关注教师在课程开发中的情绪和心态问题，并及时进行教师的心态干预和调适成为当前亟待解决的问题。面对教师在应对课程变革中出现的种种畏难和抵触情绪，学校应该积极寻求有效策略。这既需要教师自身的努力，也需要学校和教育行政部门采取适当的措施。

（一）教育行政部门可以采取的措施

1. 赋予并保障教师的课程自主权

新课改渗透了创新精神，这赋予了广大一线教师极大的专业自主权。在课程决策方面，教师可以根据政策要求，立足国家教育教学法规、学生学习水平和兴趣、学校特色等，选择所需的教法和学法，开发适当的教学资源，以满足教育教学的需要。这促使教师主动反思教育教学现状，大胆创新与变革，提高自身的课程设计与决策能力，为学校课程建设作出贡献。在课程实施方面，教师可以立足课堂情境，运用教育机智，灵活创新地实施课程,以满足学生的学习需要。

2. 形成有效的激励与奖励机制

教育行政部门作为有力的指挥部门,应发挥统率作用,鼓励教师积极投入课程变革,并对教师的变革行为进行肯定与奖励。具体来说,教育行政部门可以组织建立课程开发的中介服务机构,打造课程变革与发展的教育智库,促使一线教师积极提升个人课程开发意识与开发能力。同时,中介服务机构可以为学校开发新的特色课程提供专业的意见,对学校已有的课程设计进行指导。教育行政部门应重视课程开发的评价与考核机制,精神与物质奖励并重,调动教师参与课程开发的积极性,促进教师专业发展,使广大一线教师能够成为学校课程开发的积极建设者、有效实施者。

（二） 学校可以采取的措施

1. 赋予教师校本课程开发的自主选择权

教师是校本课程开发的主导者和实施者,学校应赋予教师校本课程开发的自主选择权。在教师认同学校办学理念的前提下,学校应允许教师利用自身的教学特色来开发校本课程,让教师真正成为校本课程开发的主体。学校各部门在具体工作中都应支持教师开发校本课程。开发校本课程的教师需要综合考虑上级政策、学校理念和学情等,开发出符合政策要求、凸显学校文化、满足学生需求的课程。

2. 营造宽松民主的环境氛围

新课程变革要求教师心理上参与、行为上认同、情感上共鸣,这不仅需要教师个体自愿,更需要学校为教师营造宽松民主的环境氛围。因此,学校要改变过去的管理方式,从以下几方面着手:(1)管理者要以平等、宽容的态度,关心和理解每一位教师,充分肯定和欣赏教师的教学成果,并以恰当的方式指出教师的不足;(2)学校要建立开放、合作、民主的管理制度,加强管理者与教师的沟通;(3)学校要把对教师的严格要求和创设宽松、愉快、和谐的环境结合起来。在这种宽松的环境中,管理者、教师相互尊重,彼此关怀。这样可以降低教师的心理压力,消除其对变化的紧张情绪。学校要尊重教师的自主性、创造性和积极主动性,并协助教师摆脱教育惰性和惯性。

3. 提供切实的培训和支持策略

学校应立足校本培训,为教师提供必要的理论和实践学习机会。学校要认真思考培训的方式方法,在减轻教师负担的同时,使教师能够全身心、高质量地完成培训。在培训的过程中,学校要注重双向互动,主动倾听教师的需要和困惑,不断调整培训内容,使教师敢于表达与质疑。学校要在交流、碰撞的过程中使教师深入理解课程开发的内涵，进而结合学校实际，形成具有针对性、实效性的课程方案。

除了提供高质量的校本培训，学校还要积极为参与课程开发的教师搭建校际、区际交流平台，让教师有更多机会来吸收、学习课程开发方面的优秀经验。学校可以把这种学习交流的经历纳入教师专业发展水平的考核中。具体来讲，学校可以采取“走出去”和“引进来”的方式为教师提供多种学习机会。条件允许的学校还可以为教师搭建线上资源库，提供可供教师学习的理论知识、实践案例等。

（三）教师自身可以采取的措施

1. 转变态度，了解课程开发的内涵

教师要主动转变思维方式，积极学习新的教育教学理念。课程建设是学校发展的关键，是学校实现育人目标的重要途径。在课程实施方面，新课程变革强调与学生真实生活相关联，注重培养学生的问题解决能力、合作能力、创新能力等，由此产生了一系列新的课程范式，如综合课程、跨学科项目化课程。教师应通过各种方式促使学生学会学习，具备应对未来社会各种复杂情况的能力。在课程开发方面，教师应努力学习新的课程理念和方法，理解新旧课程的不同之处，领会课程开发对自身发展、学生发展、学校发展的重要意义。只有这样，教师才有可能积极投入课程开发。

2. 明确目标，提高自我效能感和教学能力

教师应正确认识自我，并设定明确的教育教学目标，坚信自己有能力完成新的教育教学任务。这需要教师提升自我效能感，认同新的课程理念。在实施过程中，教师要加强监控、反思、调整，即能够把自身的教育教学活动作为监控对象，主动而积极地进行一系列的计划、监控、检查、评价、反馈、控制和调节活动。① 教师拥有了较高的自我效能感，便会充满信心，明确目标，加强反思，保持积极的工作动机和情绪体验。这能够促使教师在校本课程开发中找寻自我价值，体会成功的喜悦，减少紧张与焦虑感。

3. 悦纳变革，提高课程开发的意识和能力

学习型社会对一线教师提出很多要求，如保持对教育的敏感性、能够根据社会的发展要求更新自身的知识和能力。为了提高校本课程开发的意识和能力。教师可以从以下两方面着手。一是树立正确的学习理念。教师自身应是终身学习的实践者，要增强学

---

① 霍涌泉，栗洪武.教师元认知技能研究及其培训途径[J].教育研究，2003(6).

习意识，及时给自己充电，在掌握必备的学科教学知识的同时，还要掌握先进的教育教学理念，以更好地适应课程开发的需要。二是努力成为研究型教师。教师应注重积累日常教育教学经验，结合实践进行反思、调整。教师要主动开展行动研究，不断提高自身的研究能力，做反思型的实践者，提升自己的课程开发能力。教师要把自己对教育和课程的思考运用于实践，更好地开展课程开发工作。

教师在课程开发中具有重要作用。无论是何种教育改革，教师都是重要的参与者。在这个过程中，教师不是传统的"教书匠"，更不是课程方案的照搬者、机械实施者，而是充满反思力的课程设计者、实施者、评价者和管理者。

第四节 课程样态

《基础教育课程改革纲要(试行)》提出，当前课程结构过于强调学科本位，科目过多且缺乏整合。要想改变这一状况，就要打破传统单一课程的结构，强调课程的综合性。跨学科课程在课程改革背景下得到广泛关注。随着教育综合改革的深入推进，理论研究者和实践者都更为主动地探索跨学科课程。本节以学科教学类课程、问题解决类课程、综合实践活动课程为例，对国内外跨学科校本课程不同的实践样态进行对比分析，并给出进一步发展的建议。

一、跨学科课程的内涵诠释

从促进学生全面发展的角度考虑，校本课程开发应向跨学科的综合教学目标靠拢。我国中小学特色化的校本课程也为跨学科理念下的实践创新提供了一定的支持。

(一) 跨学科的内涵

跨学科(英文为 Interdisciplinary)一词较早出现在 20 世纪 20 年代美国社会科学研究理事会会议记录中。我国学者刘仲林从广义的角度来界定跨学科一词，认为它包括跨学科、交叉学科、跨学科学三层含义。跨学科主要指融合不同学科理论和方法的研究或活动；交叉学科主要指包含众多跨学科性质的学科的交叉学科群；跨学科学主要指一门研究跨学科规律和方法的新兴学科①。有国内学者根据跨学科发展的历史和现状把跨

① 刘仲林.现代交叉科学[M].杭州：浙江教育出版社，1998.

学科理解为跨学科实践、跨学科研究及指导跨学科实践发展的理论、原理和方法，即跨学科学[1]。有国外学者认为，跨学科不同于多学科，并非简单地把多个学科工作小组聚集在一起开展工作，跨学科的目标是整合不同学科的观点[2]。

现有文献虽从多个角度来探讨跨学科这一概念，但它们的共同点都是强调不同学科之间知识、方法等的融合。本书把跨学科界定为两个及多个学科之间的相互作用，并非指具体学科，而是指打破学科界限的跨学科过程。

（二）跨学科课程的内涵

在现代社会学科综合发展的趋势下，跨学科学习这一理念应运而生。该理念由英国科学家 Humphreys 提出，他认为，学生在生活中并非仅仅调用单学科的知识去解决问题，而是综合调用多学科的知识去解决问题。[3] 对于跨学科课程，上海跨学科课程研究所所长刘定一认为，跨学科课程应立足实际生活，跨越学科界限。综上所述，我们认为，跨学科课程是指跨越学科界限，基于生活实际问题，以生活中的主题来组织课程，使学生从中习得各种知识、技能和经验的一种新的课程形态。

跨学科课程的特征主要包括以下几方面：(1)综合性，一是要跨越学科界限，实现多学科融合，二是要改变智育、德育等分离的情况，实现德、智、体、美、劳“五育”的有机统一，三是要实现学校、社会、家庭等各种资源跨界整合，四是要追求知识、能力、思维和态度的全面综合协调发展；(2)活动性，在真实生活的主题驱动下，通过一系列有意义的活动和分工协作来完成探究过程；(3)生成性，跨学科课程在复杂主题的驱动下，实现学生个体或集体的自主探究学习过程，课程的生成性是学生形成实践创新能力的前提；(4)开放性，跨学科课程倡导主题的多样性和个性化，主张主题选择、探究活动、参与人员、研究方法、资源开发的开放。

二、国外跨学科校本课程的实践样态

（一）学科教学类课程的实践样态

学科教学类课程属于跨学科课程中的一类，主要涉及语文、数学、英语、音乐、体育等

---

① 胡志刚，徐晖，谭跃进，赵炜，李喜先.跨学科的辩证视野[J].学位与研究生教育，2008(1).

② Petrie，H. Interdisciplinary Education：Are We Faced with Insurmountable Opportunities[J]. Review of Research in Education，1992(18).

③ 陆启威.学科融合不是简单的跨学科教育——学科融合教育的实践和思考[J].辽宁教育，2017(3).

主干课程之间的跨学科合作。其开发形式可以是学科自身的整合，如单元教学、基于大概念的教学；也可以是多学科之间的整合，如围绕某一主题的多学科合作课程。国外针对学科教学类课程并没有一个完整的理论系统。在针对主干课程的跨学科合作上，孙钰对美国有关专家和学校设计实施的一个基于核心主干类学科（科学、数学、社会研究、语言和艺术等）的跨学科课程进行了课程述评。[①] 美国的跨学科课程整合了核心学科的知识，把一个僵硬的教学计划变成了具有合作性的、生动具体的探究活动，消除了学校和社会、知识和现实之间的矛盾。

（二）问题解决类课程的实践样态

1. STEM 课程

STEM 教育是指把科学（Science）、技术（Technology）、工程（Engineering）、数学（Mathematics）等多学科知识整合到一种教学范式中，把知识变成相互联系的统一整体的教育。在国际上，STEM 课程的选择主要有三种类型，即支持或指导型、直接交付型、校本开发型。其中，校本开发型的 STEM 课程是由 STEM 学校、普通学校自主开发或与其他组织合作开发的课程。STEM 课程校本开发是 STEM 课程选择的重要内容和发展方向。国际上主要从教育决策、学校发展定位、教师专业发展、课程开发策略四方面来讨论如何有效促进 STEM 课程校本开发。

STEM 课程校本开发既继承了普通校本课程开发的基本范式，也凸显了 STEM 课程的特点。各国对 STEM 课程校本开发的研究要旨和教学实践对我国 STEM 课程选择、教师专业发展、跨学科融合等有着重要的启示作用。

2. 项目化课程

项目化课程又称 PBL（即 Problem Based Learning）课程，是基于现实世界的以学生为中心的一种教育方式。美国巴克教育研究所认为，基于项目的学习是指对错综复杂的实际问题的研究学习过程，是能够详细完成项目的规划、设计与实施的系统完善的教学模式，在这样的学习过程中，学生可以通过亲身体验来感知知识和学习技巧[②]。由此看来，国外学者把基于项目的学习视为一种学习的策略、方法和模式。欧美国家对这种学习模式的研究已经基本成熟，未来的发展方向是使它的应用更加丰富多样、科学有效并

① 孙钰.基于核心主干类学科的跨学科课程设计——美国食品安全教育整合课程述评[J].上海教育科研，2013(6).

② 刘育东.我国项目学习研究：问题与趋势[J].苏州大学学报(哲学社会科学版)，2010(4).

适用于每个学生。

（三）综合实践活动课程的实践样态

国外综合实践活动课程主要借鉴了杜威的实用主义、经验主义等教育思想。综合实践活动课程在国外一般没有统一的课程形式。在美国，综合实践活动课程主要体现为自然与社会研究、设计学习、社会参与性学习、STEM 教育等课程。在英国，综合实践活动课程主要体现为设计与技术课程，并被列入国家课程。在法国，综合实践活动课程主要体现为有指导的学生个人实践活动课程，该课程具有综合性和实践性，强调获得直接经验。综上所述，不同国家具有不同形式的综合实践活动课程，但大都强调直接经验的获取和学科知识的综合运用，其中，法国的 TPE（Travaux Personnels Encadrés）课程与我国的综合实践活动课程较为相似。

三、国内跨学科校本课程的实践样态

（一）学科教学类课程的实践样态

国内很多学校忽视基于基础课程的跨学科实践，对课程建设缺乏整体设计。针对这些问题，路光远提出了学科类课程群建设的概念。学科类课程群建设主要通过统整式课程群和焦点式课程群两种途径实现。统整式课程群是指根据某种标准，如教学主题、教学内容的相似性，在不同学科课程之间进行跨学科整合，探索打通与重组这些学科的行动方案，如普通小学的“语文—品社”主题课程群。焦点式课程群是指学校以既有的某个或某些学科课程为焦点，自主研发有益于促进学科核心素养培育的相关课程。学校在进行焦点式课程群建设时大致有两种思路，即特色课程的开发和学科知识素养的课程化。特色课程群的开发可以参考上海市嘉定区中光高级中学的国学特色课程群。上海市桃李园实验学校的语言学科课程群采用了学科知识素养课程群的开发模式。

（二）问题解决类课程的实践样态

1. STEM/STEAM 课程

《义务教育小学科学课程标准（2017 年版）》中指出，STEM 课程是一种以项目学习、问题解决为导向的课程组合方式，它把科学、技术、工程、数学有机地融为一体，有利于学生创新能力的培养。越来越多的学校在学习与了解 STEM 课程后，在其中加入了艺术（Arts），这样就形成了 STEAM 课程。

我国 STEM 理念下的校本课程开发研究主要可以归纳为以下几方面。

一是围绕某一教学主题或学科系列知识的校本课程开发研究。如南京师范大学附属中学江宁分校以小学科学四年级上册第一单元第一课《空气的性质》中的一个环节为基础，自行开发了一节 STEM 课"空气动力小车"，为学生提供了一个可以根据自己个性特点来学习的机会。① 这节课在设计的过程中既有学科教师的参与，也有相关人员的专业化指导，最后取得了相对不错的教学效果。

二是以探讨 STEM(STEAM)课程教学方式、策略为主的校本课程开发研究。如全汉炎等人在《广东实验中学：基于项目式学习的高中 STEM 校本课程实施策略》一文中，以目标—过程模式为理论指导，提出了"六阶段、三课型"的项目式教学，并通过"三双制"的方式，联合高校进行人才培养，以确保 STEM 课程的高水平落实。②

三是 STEM 课程整合和实施的校本课程开发研究。如李克东、李颖在《STEM 教育与跨学科课程整合》一文中论述了跨学科课程整合的意义和 STEM 教育概念，从学习主题、教学目标、教学活动、教学支架、教学评价等方面介绍了 STEM 课程的教学活动设计方法。③

通过对相关文献的梳理，我们可以发现，国内关于 STEM(STEAM)校本课程开发的文献数量较多。从研究的学科阶段来看，主要集中在初中、高中阶段，小学阶段的 STEM(STEAM)校本课程开发的研究数量相对有限。通过梳理多个 STEM(STEAM)校本课程设计和教学案例，我们发现，STEM 校本课程开发的优势是可以很好地把独立学科连接、融合在一起。在这种融合性的学习活动中，学习者收获的是知识的架构，是在实践过程中与人交流、与个人经验对话、与问题本身对话的成就感。

2. 项目化课程

国内不同学者对项目化课程有不同的解读。黎加厚认为，项目化课程是指把相关问题所属学科的基本概念和原理作为探究核心，以学生探索的项目活动为基础来构建学生个人的知识系统，同时可以在社会中实践。④ 刘景福认为，基于项目的学习是指围绕学科概念和原理，借助多种资源进行探究活动，能有效解决多个相关联的问题，以制作能满

---

① 杨小莉.从个案看 STEM 课程的校本效应[J].名师在线，2019(35).

② 全汉炎，胡正勇，王剑，等.广东实验中学：基于项目式学习的高中 STEM 校本课程实施策略[J].人民教育，2019(3).

③ 李克东，李颖.STEM 教育与跨学科课程整合[J].教育信息技术，2017(10).

④ 黎加厚.知识管理对网络时代电化教育的启迪(上)[J].电化教育研究，2001(8).

足真实世界需求的作品为目的。[①] 总体来看,这些实践研究都表明,项目化课程作为一种新的课程模式,弥补了传统学科教学的不足,有利于调动学生的积极性和主动性,有助于培养学生的创造能力、合作能力、表达能力等综合能力。

（三）综合实践活动课程的实践样态

综合实践活动课程体现了我国基础教育改革的理念,具有整体性、实践性、开放性、生成性和自主性等特点。总体来看,我国对综合实践活动课程的研究非常丰富。在理论方面,主要关注综合实践活动课程的概念、目标、特点、价值、作用等。这为人们更深刻地理解综合实践活动课程打下了理论基础。学者比较了综合实践活动课程与学科课程、课外活动、校本课程的不同,使人们更加重视这门课程。在实践方面,研究内容也非常广泛,主要涉及综合实践活动课程的设计与实施研究、针对某一具体学校或地区的个案研究等。在实施的问题和对策方面,学者的视角各不相同。他们从教师队伍建设、教育制度保障、课程理论完善、评价体系建立等角度提出了有建设性的建议。

四、讨论与建议

（一）对国内外跨学科校本课程实践样态的相关讨论

1. 研究范围

国外关于跨学科校本课程实践样态的研究主要集中在STEM(STEAM)校本课程开发上。就综合实践活动课程而言,不同国家有不同的政策,并没有形成统一的标准。相比国外,我国学者的研究范围较为广泛,对综合实践活动课程的基本问题和实践,以及与其他学科的融合等均有较为深入的研究。

2. 研究现状

有关跨学科的研究可以促进学科的横向发展。就全球教育现状而言,学校教育大多采用分科教授制。分学科授课的优势在于能够确保知识的逻辑体系完整,但对于学生整体素质的培养是有弊端的。人类对于知识的理解和运用是一个十分复杂的过程,没有一个学科能够独立于其他学科而存在。只有打破学科与学科之间的界限,促进学科间横向融合,才能真正体现出知识的融合。

---

① 刘景福,钟志贤.基于项目的学习(PBL)模式研究[J].外国教育研究,2002(11).

3. 研究方法

通过文献梳理，我们发现，采用量化研究、质性研究等单一的方法进行研究，得出的研究结果未必具有足够的说服力。因此，国外在跨学科校本课程领域的研究多采用多种研究方法，具体包括文献研究、问卷调查研究、跨学科研究、案例研究、行动研究、比较分析、统计分析等。与国外相比，我国在跨学科校本课程领域的研究仍处于理论探索、凝聚共识和实践尝试阶段，研究方法以文献研究、案例研究和行动研究为主。

4. 研究文化

分析国内外跨学科校本课程研究的主题，由于各国之间存在文化差异等，其研究主题也呈现多样化趋势。国内针对跨学科校本课程研究的主题主要包括科学教育、课程开发、创新精神、创新教育、课程设计等方面。例如，余胜泉分析了三种跨学科整合的取向（即学科知识整合取向、生活经验整合取向、学习者中心整合取向），并提出了跨学科整合的项目设计模式①；周东岱等介绍了基于 STEAM 教育理念的小学课程体系重构流程等。② 国外针对跨学科校本课程研究的主题主要包括 STEM 课程、工程设计、编程、创客、机器人教育等。火星教育课程（Mars Education Program Lesson）和 STEM 路径图项目是其中的典型代表。火星教育课程由亚利桑那大学与美国宇航局合作推出。STEM 路径图项目以《下一代科学课程标准》（Next Generation Science Standards）和《国家科学教育标准》（National Science Education Standards）为基础，采用基于问题和探究式的学习，面向 K1—12 年级的学生，鼓励学生实践 21 世纪技能，以理解科学和技术如何发挥作用。

（二）对我国跨学科校本课程开发的深化建议

1. 基于真实问题，提升学生的创新能力

生活中的真实问题能激发学生的求知欲，生活经验是学生到达未知彼岸的桥梁。从生活中求知，知识蕴含在真实问题中，这既是人类几千年来的做法，也是跨学科课程的重要理念。学生利用生活经验和多学科知识进行探索，既能激发求知欲、丰富生活体验，又能提高自身发现问题、分析问题和解决问题的能力。但学科教学以知识为中心进行教学设计，现实中经常出现教师为了知识教学而编造问题的情况。跨学科校本课程必须以真

---

① 余胜泉，胡翔. STEM 教育理念与跨学科整合模式[J]. 开放教育研究，2015(4).

② 周东岱，樊雅琴，于颖，于伟，杨君辉. 基于 STEAM 教育理念的小学课程体系重构研究[J]. 电化教育研究，2017(8).

实问题情境为出发点，这样才能充分发挥学生的主体作用，激发学生内在的学习动力。

2. 立足校本资源，增强校本课程的内生性

跨学科课程打破了分科教学中各学科教师独立负责教学的局面，强调教师的合作。因此，不同学科教师的沟通协调显得格外重要。有学者认为，跨学科共同体不是不同学科在一起工作，而是多个有不同学科背景、拥有足够开放思维的个体，想要用他们的专业知识来解决共有的问题，完成共有的任务。[①] 教师作为校本课程开发过程中的主力军，在跨学科课程中的角色定位是组织者、引导者、解惑者。教师要充分发挥学生的主体作用，学生才是活动的实施者和学习的主要推动者。教师与学生在课堂中需要彼此协作，教师在必要时进行干预，如适时引导方向或在学生求助时给予答疑。因此，教师要转变思想，大胆放手让学生尝试。这也对教师提出了更高的要求。教师要具备更广的知识储备、更敏锐的观察能力和更强的组织能力、预测能力、灵活应变能力。

3. 重视文化元素，凸显校本课程的文化意味

校本课程的开发应充分展现本土学校乃至本土区域的文化特色。自然环境与人文环境使不同地区形成了不同的文化。这些文化以风俗习惯、文化古迹、民族技艺等形式传承下来，且随着时代的发展而日渐丰盈深厚，对人们产生直接、深刻、全面的影响。区域优秀传统文化具有浓郁地方特色和深厚的历史渊源，是中国传统文化的有机组成部分，是推进新课程改革的重要资源。学校应该把这些优秀的资源融入课程实践，让校本课程的文化意味凸显出来。

4. 借助课程政策，逐渐优化校本课程开发

我国在政策层面上大力倡导校本课程开发，鼓励教师参与课程开发，赋予教师一定的课程自主权。跨学科课程的实施需要教师具有充分的自主权，因而难度较大。有学者认为，跨学科课程实施过程中，不应彻底颠覆以前的课程，而应在原有课程平和稳定的基调上逐步开展。因此，跨学科课程的开发应结合国际、国内形势发展的需要，循序渐进地开展。[②]

第五节　课程技术

在21世纪，我国的政治、文化、医疗、军事等都发生了较大的变化。国家与国家之间

---

① Walter Ruegg. Interdisciplinary in the History of the European University[J]. Global Environmental Change，1997(8).

② 于国文，曹一鸣.跨学科教学研究：以芬兰现象教学为例[J].外国中小学教育，2017(7).

的竞争不再局限于经济、政治等领域，也逐步深入到了教育领域，教育信息化在教育改革中发挥着重要作用。近年来，我国不断深入研究教育信息化，出台了一系列促进教育信息化发展的政策文件，实现了教育改革的跨越式发展。其中，《基础教育课程改革纲要（试行）》明确指出，要大力推进信息技术在教学过程中的普遍应用，促进信息技术与学科的整合，逐步实现教学内容的呈现方式和师生互动方式的变革，充分发挥信息技术的优势，为学生提供丰富多彩的教育环境和有力的学习工具。① 本节将探讨主流的教育技术，以及这些技术对校本课程开发产生的影响，以实现教育技术与课程开发的整合。

一、主流的教育技术

教育技术的应用使教育教学工作产生了多方面的变化。课堂教学工作是学校的核心工作，是学校促进学生发展的主要渠道。目前，主流的教育技术包括以下几方面。

（一）翻转课堂

翻转课堂又称“颠倒课堂”（The Flipped Classroom），是指重新调整课内外的时间，由教师发布相关视频供学生在课外观看，把课堂学习的决策权转交给学生，师生共同交流学习成果和经验，实现学习目标的一种教学形态。② 具体来说，学生可以在课前观看视频和学习相关资料，课堂上教师和学生一起进行问题回答、合作探究等。③ 与传统的先教后学的教学模式相比，教师不再花费时间在课堂上教授新知识，而是要求学生在课前独立学习并完成相关任务，这样教师就有更多的时间去回应学生学习中遇到的问题。学生一起解决实际问题，应对相应的挑战，从而加深对知识的理解，形成主动学习的意识。由此可见，翻转课堂彻底颠覆了传统课堂的教学结构、教学过程，它使教学结构、师生角色、教学资源的拓展等发生了一系列的变化。④ 翻转课堂实现了先学后教，其本质是回归学生的学习。在一定意义上，翻转课堂更符合学生的认知规律，有助于培养学生主动学习的意识。

（二）智慧课堂

智慧课堂是指通过使用先进的信息技术实现教育手段和课堂的智能化，从而实现教

① 卢欢.我国信息技术与课程整合研究述评[D].哈尔滨师范大学，2015.
② 刘荣.翻转课堂：学与教的革命[J].基础教育课程，2012(12).
③ 钟晓流，宋述强，焦丽珍.信息化环境中基于翻转课堂理念的教学设计研究[J].开放教育研究，2013，19(1).
④ 罗珺.基于行动研究的小学数学翻转课堂教学模式的探索[D].华中师范大学，2020.

育教学的智慧化。智慧课堂的核心是用最新的信息技术手段去变革和改进课堂教学，解决传统课堂教学中长期存在的难题，打造智能、高效的课堂，通过智慧的教与学，促进学生的个性化成长与智慧发展。

随着信息技术的不断发展及其在学校教育教学中的广泛应用，人们对智慧课堂的认识越来越深入。近年来，全国各地学校开展的“电子书包”“智慧教室”“一对一数字学习”“智能学习终端”实验，都是对智慧课堂的有益探索。在智慧课堂的支撑技术中，核心是基于动态学习的数据分析和“云、网、端”的应用。学校利用现代分析工具和方法对教学中产生的大量数据进行处理、挖掘和分析，并做出教学决策，这与传统的教学评价模型有所不同。智慧课堂中各种终端设备的无缝连接和智能应用，打破了传统课堂的时空观念，重新定义了黑板、讲台等传统教室里的设施设备，极大地改变了传统的课堂布局、形式与环境，进一步拓展了学生学习的空间。学校借助智慧课堂信息平台，利用大数据、云计算等技术，可以实现教学决策的数字化、实时评价与反馈、交流互动立体化、资源智能推送，从而增强课堂学习的互动性，有效解决传统课堂中存在的问题。通过智慧课堂的实际应用，学校实现了课前、课中、课后的全过程智能教学。在最新信息技术创造的智能学习环境中，教师提高了课堂评价、决策、互动、协作能力，实现了智能教学，而每个学习者都能沿着符合其个性化特征的路径成长，获得有效、充分的智慧发展。①

（三）智慧校园

随着 2008 年“智能地球（Smarter Planet）”战略的提出，智能校园应运而生。近年来，智慧校园在我国越来越流行，主要体现在两方面：(1)许多重点高校设计和建设了智慧校园，取得了一系列成果，有的甚至形成了自己的特色，如浙江大学的学术创新服务平台以智能科学研究为核心，华东师范大学的新媒体宣传服务平台突出了智慧的文化创新；(2)各级政府投入大量人力、物力在中小学建设智慧校园。总体而言，目前我国已有相当数量的学校建设了智慧校园，但还有许多学校仍处于规划或建设阶段。②

智慧校园是一个基于物联网技术的综合环境，它可以使学校学习、工作和生活变得智能化。这种环境以各种应用服务系统为载体，全面整合学校的教育、教学、科研、管理和生活，为相关人员提供开放的教育教学环境和便捷舒适的生活环境。智慧校园的关键技术包括学习场景感知技术、社交网络技术、学习分析技术、移动互联网技术、数字资源

---

① 朱嫣洁.教育信息化背景下智慧课堂的教学效果研究[D].华东师范大学，2019.

② 陈琳，华璐璐，冯熳，王丽娜.智慧校园的四大智慧及其内涵[J].中国电化教育，2018(2).

组织与共享技术。我国智慧校园的应用研究以高校和高职院校为主，中小学的应用研究还不是很多。我国对智慧校园的研究还处于起步阶段，其建设也处于探索阶段。我国对数字校园如何向智慧校园过渡、智慧校园如何实现智慧性设计、如何制定智慧校园建设标准与评价体系、如何保障智慧校园网络数据的安全性、如何控制智慧校园建设成本等缺乏深入研究。只有不同领域的专家学者共同努力，才能真正实现智慧校园。①

（四）教育大数据

随着互联网的飞速发展，特别是近年来社会网络、物联网、云计算和各种传感器的广泛应用，教育逐渐成为大数据应用的重要领域之一。

教育大数据(Big Data in Education)是指在整个教育活动过程中所产生的以及根据教育分析需要所采集到的一切用于教育发展并可创造潜在价值的数据集合。② 近年来，大数据可视化方法已成为教育教学活动实施、规律挖掘、教学设计、反馈干预、教学评价等的重要支撑手段。现在，大量的产生于教学活动、管理活动、科研活动、校园活动中的学生学习行为数据、课堂交互数据、课程管理数据、学生发展数据、区域管理数据等都可以用大数据进行收集，并实现可视化呈现，这让学习看得见，也让规律唾手可得，大大提高了教育教学的科学性。在大数据时代，可视化已成为学生自主学习、教师教学监督、管理者优化决策的重要手段，对提升教育教学质量发挥了重要作用。③

（五）学习分析技术

学习分析技术(Learning Analytics)已经成为影响教育发展的关键技术之一。作为支撑大数据应用的关键技术，学习分析技术已然成为教育信息化的研究热点。有学者认为，学习分析技术是指利用各种数据收集和分析工具，从教育领域的海量数据中，通过收集、测量、分析和报告等方式，提取出隐含的、有潜在应用价值的、涉及教与学或教学管理的过程及行为的各种信息、知识与模式，从而为教师的教、学生的学、学校的教学管理提供智能性的辅助决策的技术。④

学习分析技术的应用比较广泛，已经推广到与学习者相关的众多教育领域。学习分析技术在中小学的应用可以总结为三方面。一是为学生提供个性化的学习环境，如在学

---

① 赵楠，王滨，余亮.基于词频分析的国内智慧校园研究综述[J].数字教育，2017，3(6).
② 杨现民，王榴卉，唐斯斯.教育大数据的应用模式与政策建议[J].电化教育研究，2015，36(9).
③ 牟智佳，武法提.基于教育数据的学习分析工具的功能探究[J].现代教育技术，2017，27(11).
④ 何克抗."学习分析技术"在我国的新发展[J].电化教育研究，2016，37(7).

习过程中为学生精准推送学习提示。在过去,即时提示是一项不可能完成的任务,学生至少要等到他们的家庭作业被批改完才可能得到反馈。二是帮助教师分析学生的学习情况。教师可以通过信息跟踪和分析来判断自己教学方法的有效性,据此进行调整和改进,也可以根据学生学习过程中的有关数据,为学生提供个性化的指导。这时,教师有了一个新的角色,即学习分析者。三是帮助学校进行教学管理与评价。学校管理者可以更便捷地管理教学过程,也可以借助这些结果进行相应的评价,在提高效率的同时,也使得管理过程更加智能化。借助学习分析技术,教学实践可以从关注宏观群体转向关注微观个体,更加彰显教育的个性化。然而,学习分析技术也面临着许多实践操作方面的挑战。相关人员需要继续深入研究,真正发挥学习分析技术在大数据背景下的作用。

(六) 区块链技术

区块链技术是指借助去中心化和去信任化的方式,集体维护一个可靠数据库的技术方案。区块链技术具有去中心化、开放性、时序数据、集体维护、自治性、信息不可篡改以及匿名性等特征。区块链技术在教育领域的应用包括以下几方面。

1. 区块链成绩单

区块链成绩单可以记录学习者在各个阶段的学习情况,包括个人信息、兴趣爱好、技能特长、课程作业、考试结果、小组实验或合作项目、教师和班主任评价等,并把相关数据存储在云服务器中,形成课堂综合成绩单,为个性化教育提供参考。[①] 学习者可以通过查看区块链成绩单全方位获取个人成长信息,对自身进行综合评估,选择适合自己的发展方向。

2. 共享式资源库

共享式资源库利用区块链技术的分散特性,按照数据块逻辑组织课件素材、课程案例、实验演示等内容,通过开放式分散节点存储,实现教学资源的定制与共享。学习者可以随时随地提取资源,实现高质量学习。学校依托区块链技术创建共享式资源库,可以在一定程度上提高教学质量,促进教育公平。

3. 学习认证评价

学校使用区块链技术,可以完整存储学习者的学习行为和学习结果。使用区块链验证比其他方法更安全、更可靠、更简单、更有效,能够帮助学习者更好地实现学业认证和

---

① 任虹霞.区块链技术在教育领域的应用探讨[J].数字通信世界,2021(5).

发展，对教育的健康发展具有重要意义。

总体来看，区块链技术在教育领域的应用（主要应用在高等教育领域）可以满足学习者个性化的学习需求，促进教育公平及创新。虽然区块链技术在教育领域的发展还不成熟，存在诸多问题，但不可否认的是，区块链技术在教育领域的应用潜力巨大。

（七）人工智能

人工智能（Artificial Intelligence，简称 AI）的核心是用人工的方法，在机器上模拟、理解和拓展人的智能，使机器也能完成复杂的任务。其新的特征包括深度学习、跨界融合、人机协同、群智开放、自主操控等。在教育领域，人工智能的应用比较广泛，但主要集中在学校教学和学校管理方面，如教育机器人、智能评估系统、Z+Z 智能教学系统、智能导师系统、智能自适应学习系统。① 人工智能在教学中的应用改变了传统的教学模式，创新了教学方法。人工智能扩大了学习场所，使学习不再只发生在课堂上，学生在线上也能学习知识。人工智能能够系统地评估和诊断学生的学习结果，实时检测学习者的学习进度，分析学习者在学习过程中的困难。人工智能有助于实现一对一的教学模式，能够促进学习者的知识积累和智能发展，能够根据学习者的学习能力为其选择不同的学习方法和策略，制订个性化的学习计划。学习者可以自由地提出问题并与计算机互动，从而使学习过程更加高效。人工智能除了为学生提供学习便利外，还为教师的教学过程提供意见和方法。人工智能教育已经成为未来教育的发展趋势。②

二、教育技术对校本课程开发的影响

随着科技的发展，教育技术在校本课程开发方面发挥着越来越重要的作用，具体表现以下几方面。

（一）有利于教育教学目标的实现

教育技术与校本课程开发的整合属于教育教学的范畴，信息整合与教育教学两者的目的几乎具有一致性。教育技术的应用能够改进教师的教学，促进学生的全面发展。整合教育技术与校本课程开发，能够丰富教师的教学手段，能够拓展课程范围，也能够使教学形式变得多样化。

---

① 莫才莲，黄尧.人工智能给教育技术带来的变革[J].科技创新与应用，2019(13).

② 翟雷，邢国春.大数据环境下人工智能技术在教育领域的应用研究[J].情报科学，2019，37(11).

（二）有利于教师教学活动的开展

如何整合教育技术与校本课程开发，充分利用好各种资源，最大限度地开发有质量的课程，从而实现高质量、高效率的教学，这不仅是一个非常现实的问题，也是教师在教学实践中要突破的难点。教育技术可以作为教师教学的工具，帮助教师提高教学效率。教育技术的使用还能够促进师生的交流与沟通。此外，教育技术的使用能够大大减少教师的重复性工作，使他们有更多的时间与精力去研究课程教学。以上介绍的还只是传统意义上的整合。现在已经出现了较为深度的整合，既包括作为教学内容的课程整合，也包括作为辅助工具的课程整合。我们要充分借助教育技术，不断革新教育教学活动。

（三）有利于学生信息素养的提升

整合教育技术与校本课程开发，可以有效培育学生的信息素养。学生的信息素养是指学生能够清楚地确认、评估、验证和利用信息，并以合理的形式进行更便捷交流的能力。一般认为，信息素养包括三方面。一是对信息的应用、实践能力，即根据研究主题和目的，通过适当的方式，实现信息的收集、判断、加工和创造，进而实现信息的发送和传递。二是对信息的科学理解和掌握能力，主要包括理解信息的手段特性，理解信息处理所需要的基本理论和方法。个体要在收集、处理和使用信息的过程中对信息进行批判性处理，研究、判断信息的可靠性和准确性，进而接受信息。当然，信息素养不能仅仅通过计算机技术的训练来获得，更多的是通过科学的思维能力训练而获得。三是积极参与信息社会的态度。学生要了解教育技术在社会生活中的作用，明白信息道德的必要性，以积极创新的态度参与信息社会，并具备良好的社会责任感和合作精神。在具体学习中，教育技术可以丰富学生的认知，帮助学生高效学习，具体包括：作为信息获取的工具，帮助学生快捷处理信息；促进学生的情境探究和发现学习，让建构变得更直观、更易实现；作为学习反馈的工具，帮助学生随时把握学习进程。

（四）有利于多门学科的整合

整合教育技术与校本课程开发能够促进多学科相互渗透。例如，在应用多媒体制作地理作品的过程中，学生可以综合运用地理、计算机、音乐和美术的知识，通过多学科知识分析来确定相关主题。在综合学习过程中，多学科的综合应用促进了学生对交叉知识的掌握。教育技术与学习活动有效整合，能够充分调动学生的积极性和主动性，让学生根据自己的兴趣点进行体验和研究。因此，教育技术在课程教学中的应用，能够提高学生综合运用多学科知识的能力。

从以上四方面来看，教育技术对课程教学有着深远的影响。这种技术整合应该得到全面深入的研究、推广和实施。

三、教育技术与校本课程开发的整合

教育技术与校本课程开发整合是指通过教育技术与各学科教学过程的有效整合，创设新的教学环境，实现自主、探究、合作的教育方式，既充分发挥教师的主导作用，又充分体现学生的主体地位，从而激发学生的主动性和创造性，从根本上改变传统的以教师为中心的课堂教学结构，培养学生的创新精神和实践能力。[①] 在教育技术与校本课程开发整合的过程中，我们应特别注意以下几点。

（一）提高教师的教育技术水平

建设一支高质量的教师队伍，使相关教师既掌握最新的教育教学理念，又掌握先进的教育技术，积极创新教育教学方法，这是教育技术与校本课程开发整合的关键。一线教师在实践中主动探索，不断积累经验，可以充分实现教育技术与校本课程开发的整合，进而带动教育教学的创新发展。

（二）发挥教育技术的教学辅助作用

利用教育技术对各种数据进行综合处理，可以使教学变得更加灵活、生动、有趣，使相关知识更容易被学生理解和掌握。然而，无论教育技术多么强大，其本质都是教学的一种手段或工具。教育技术在教学中只起辅助作用，课堂教学本身仍是重中之重。因此，教师在教学活动中应重视课堂教学，把教育技术作为辅助手段。[②]

（三）鼓励、引导、促进学生主动学习

整合教育技术与校本课程开发，可以有效发挥教师的主导作用，突出学生的主体地位。教师应利用教育技术辅助教学的功能，引导和促进学生主动学习，鼓励学生积极思考、尝试、探索并构建自己的知识体系，逐步培养学生主动探索和自主学习的能力。[③]

---

① 魏永牛.信息技术与课程整合研究[D].西北师范大学，2014.

②③ 张浩.信息技术与数学课程整合的教学应用研究[D].华中师范大学，2017.

第六节　课程评价

强化校本课程评价是当前课程改革发展的必然要求。课程评价对于提高校本课程质量有着不可替代的作用。2001 年,《基础教育课程改革纲要(试行)》中提出实施国家、地方、学校三级课程管理体制。此后,校本课程如雨后春笋般大量涌现。然而,众多理论研究和实践调查结果表明,校本课程评价存在许多问题,不利于校本课程发挥最佳实效。因此,回顾、梳理和总结校本课程评价方面的研究成果,对于进一步推进校本课程评价的理论研究和实践探索有一定的积极意义。

一、研究概况

(一) 学术期刊研究概况

在中国知网,以校本课程评价为主题进行检索,笔者检索到了从 1993 至 2022 年的 169 篇学术期刊,其中,53 篇学术期刊源于中文核心期刊。由于 1993 至 2000 年研究期刊相对较少,主要对 2001 至 2022 年的期刊数据分布情况进行研究(见图 6 - 4)。

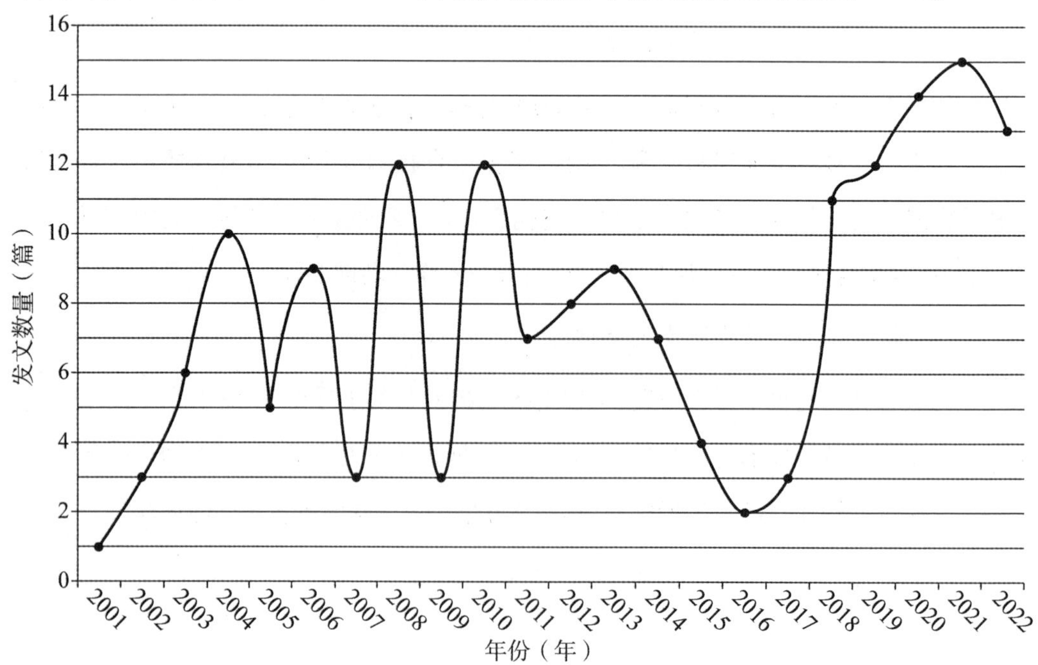

图 6 - 4　不同年份以校本课程评价为主题的学术期刊发文数量

（二）学位论文研究概况

在中国知网，以校本课程评价为关键词或题名检索学位论文，笔者检索到了2002至2022年的117篇硕士学位论文，检索结果暂无博士学位论文。在这些硕士学位论文中，有较大一部分是基于某一具体课程研究校本课程评价，涉及计算机、心理健康、人文社会、自然科学等领域。其他硕士学位论文没有拘泥于某一具体课程。

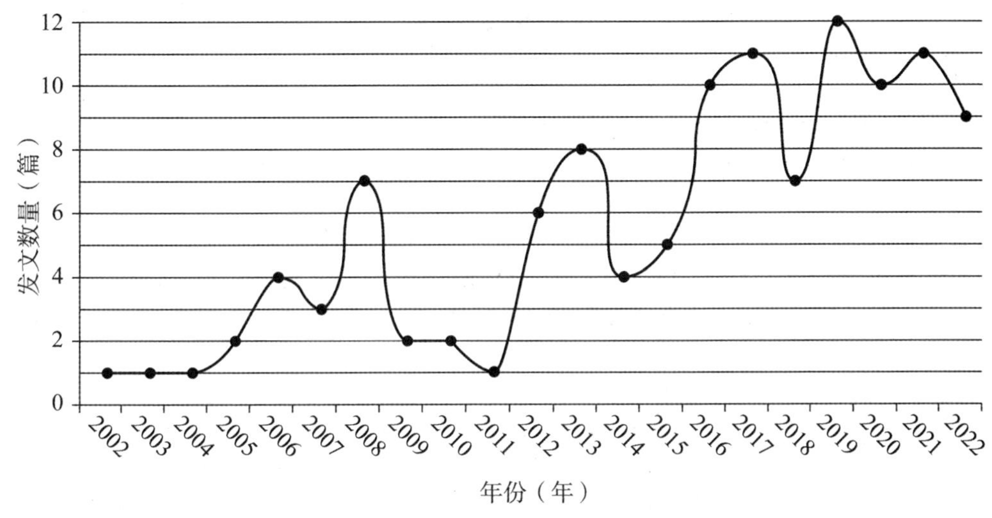

图6-5 不同年份校本课程评价相关学位论文发文数量

总体来看，这些有关校本课程评价的研究也有类别差异。一是专门指向校本课程评价的系统研究。整篇论文或者围绕校本课程评价展开，或者有意弱化学段和学校类型笼统来谈。此类研究对校本课程评价的概念、作用、原则、理论基础、实践操作、现有问题和改进对策等都进行了详细论述，能够关注到校本课程评价的多个方面，并且将这些内容整合在一起。二是指向校本课程评价某一部分的专门研究。与前类研究不同，此类研究聚焦校本课程评价某一方面，更具有针对性，能够推进校本课程评价的重点领域研究。三是主要研究校本课程建设，并把校本课程评价作为重要研究内容之一，因为校本课程评价是校本课程建设与开发的重要环节之一。此类研究虽然能够关注到校本课程评价，并且能够将校本课程评价放在校本课程建设这一整体中进行讨论，帮助我们看到评价对于整个校本课程开发的作用，但是，有关评价部分的讨论不够深入，对校本课程评价的一些核心问题并没有建设性突破。

二、校本课程评价的内涵诠释

许多研究者对校本课程评价进行了概念界定，这些概念界定既存在共性也存在差异，见表 6－1。从这些概念界定中，我们能够看出不同学者对校本课程评价的目的、性质、功能、主体、对象和内容等的讨论。

表 6－1　不同学者对校本课程评价的内涵诠释

宫黎明（2005 年）	校本课程评价是指对国家课程计划中留给学校自主设计的“空白课程”的评价，是人们以一定的方法、途径对校本课程的目标、计划、活动及结果等有关问题的价值或特点进行判断的过程，其实质是对校本课程开发历程进行评价的过程，也是对课程开发过程的一种质量监控过程①
王秀梅（2013 年）	校本课程评价是指为了促进学生的发展，保证课程开发的质量，由相关人员采取一定的方法或手段，收集校本课程开发设计、实施及结果的相关信息，对课程进行价值判断的过程②
李达（2014 年）	校本课程评价是对校本课程发展全历程的一种质量监控。校本课程评价由学校、教师、学生等多元主体共同参与，借助灵活多样的方法、途径对校本课程的规划、设计、实施及结果等进行客观描述和价值判断，旨在实现校本课程的良性运作、学生的全面发展、教师的专业成长、学校教育品质的提升③
隋文靓（2016 年）	校本课程评价以促进学生发展为主要目的，是指使用一定的方法，对学校内、外部人员共同编制的学校课程进行价值判断的过程④
朱慧丽（2017 年）	校本课程评价是指基于一定的目的，选取相应的评价对象，并且选择一定的评价方法，通过对评价对象进行评价，从而对校本课程的价值进行判断⑤
李正福（2019 年）	校本课程评价是指对已开发出来的校本课程落实到具体教学实践情境中的情况进行评价，包括实施准备、实施过程、实施效果等方面⑥

很多学者对校本课程评价的目的、性质、功能等进行了讨论，从中可以感知到校本课程评价的重要价值。谈到校本课程评价的目标或目的时，多数学者会提及“促进学生全

① 宫黎明.校本课程评价研究[D].安徽师范大学，2005.
② 王秀梅.校本课程评价方案研究[D].河北师范大学，2013.
③ 李达.校本课程评价初探[D].华东师范大学，2014.
④ 隋文靓.校本课程评价个案研究[D].内蒙古师范大学，2016.
⑤ 朱慧丽.STS 课程评价研究[D].上海师范大学，2017.
⑥ 李正福.义务教育学校校本课程实施情况评价研究[D].云南师范大学，2019.

面发展”“保障课程开发质量”等；少数学者会提及“保障校本课程良性运作”“促进教师专业成长”“提升学校教育品质”等。谈到校本课程评价的性质时，现有研究主要包含三类界定：(1)校本课程评价是价值判断过程，包括对准备状况、实施情况和结果成效等进行价值判断；(2)校本课程评价是质量监控过程，会深刻影响校本课程质量；(3)校本课程评价是自我反思过程，强调评价是学校内部的自我反思与改进。因此，校本课程评价的意义不局限于课程本身的发展，更需要关注到校本课程对于学生发展、教师成长和学校整体教育品质提升的积极影响。教育工作者应该充分意识到校本课程评价在价值判断、质量监控、自我反思等方面的作用，尽可能地发挥评价的多种功能。

随着研究的不断深入，人们对校本课程评价主体多元化的认识不断深入，研究结果中提及的具体评价主体也更加丰富。对校本课程评价对象的讨论则较为多样，这与学者的关注点不同有关。此外，一些学者关注到了校本课程评价的普遍性和特殊性。相较国家课程、地方课程，校本课程评价既具备一般课程评价的共性特点和具体要求，又具有一些独特性，有一些需要特别关注的地方。

三、校本课程评价的相关理论

现有的对校本课程评价的研究，既侧重理论方面的探讨与构建，又侧重实践经验方面的介绍。近几年的研究趋势是进一步整合理论与实践，在理论建构的基础上讨论校本课程评价。学校里的各类校本课程评价实践，正是借助相关理论，才有了更好的发展。之后，这些实践经验又基于理论基础，更加有逻辑性地、有依据地呈现出来，为他人提供参考。多数学者主要基于评价理论、课程理论等讨论校本课程评价，部分学者尝试构建了校本课程评价框架。接下来将对这些研究成果进行整体论述。

（一）基于评价理论的讨论

一是基于 CIPP 理论的校本课程评价讨论。CIPP 是 Context(背景)、Input(输入)、Process(过程)、Products(结果)四个评价维度英文单词的首字母缩写。CIPP 评价理论是重要的评价理论之一，强调背景评价、输入评价、过程评价和结果评价，对当前各类教育教学评价理论构建和实践探索产生了重要影响。张鸿儒基于 CIPP 评价理论系统论述了校本课程评价应该如何开展。他认为，整个校本课程评价应该分为“课程开发过程评价阶段”和“课程实施评价阶段”，不同阶段的校本课程评价都有与之对应的核心问题、评价工具等。[①] 前一阶段对应背景评价和输入评价，关注校本课程目标与学生发展需求的一致性情况。后一阶段对应过程评价和结果评价，关注如何通过校本课程设计改善课程。前者关注教师依据课程方案实施校本课程的情况，后者关注校本课程达成课程方案预期课程目标的情况。

二是基于循证范式的校本课程评价讨论。循证范式(Evidence-based Practice)评价强调基于证据的评价，认为评价判断应基于客观的、充分的证据得出。有学者指出，我国应从价值维度、主体维度、形态维度和环节维度深化校本课程开发，环节维度有必要强调循证范式的校本课程评价，此种理念下的校本课程评价应达到一些基本要求，包括"课程评价者充分收集最佳证据""课程评价者基于证据进行客观反馈""课程开发者基于反馈做出改进决策和实践"等。[②]

（二）基于课程理论的讨论

这里主要讨论基于校本课程开发五阶段理论的校本课程评价。斯基尔贝克认为，学校进行校本课程开发需要经历分析情境、依据分析结果制定目标、编制课程方案、解释方案并交付实施、进行追踪与方案重建五个阶段。[③] 基于此，校本课程评价需要关注以下几点：校本课程开发的情境与目标定位、校本课程方案的可行性、校本课程实施过程以及实施成效。

（三）基于核心素养理论的讨论

基于核心素养理论，校本课程评价应关注课程设计、教学组织、后勤保障等内容，但归根结底还是要看学生的核心素养发展情况。这说明校本课程评价的根本任务是促进学生全面发展。

21 世纪以来，学生核心素养培育成为美国研究的热点话题。美国各州联合实施的课程改革进一步明确，校本课程必须以学生素养为导向。[④] 与之相对应的校本课程评价，则是致力于改进教学质量、促进学生核心素养发展，重点关注学生"批判性思维与创造性""问题解决能力与协作能力""终身学习与服务社会"三方面的发展情况。

我国学者对学生核心素养具体内涵的研究较为丰富，一些学校也在围绕学生核心素

---

① 张鸿儒.校本课程如何评价——基于 CIPP 模式的探讨[J].中国德育，2019(21).

② 曾文婕.深化校本课程开发的四个生长点[J].课程·教材·教法，2014(8).

③ 林一钢，黄玉鑫.校本课程评价[J].江西教育科研，2002(9).

④ 陈玉玲，左晓媛.基于核心素养导向的美国中小学校本课程评价体系研究[J].外国中小学教育，2018(10).

养培育建构校本课程评价体系。举例来说，甘肃某小学以学生发展核心素养为本，构建了名为“七色花”的校本课程评价体系。[①] 他们根据学生发展的六大核心素养，制定了七个维度的“七色花”评价，并对应这七个维度整合了“七彩课程”，然后在校本课程评价中关注学生核心素养的具体发展情况。

四、校本课程评价的相关实践

目前，关于校本课程评价实践方面的研究较为丰富，主要包含两类内容：一是聚焦描述和分析校本课程评价现状，二是着重论述校本课程评价的优化策略。就前者而言，学者对案例学校或特定地方的校本课程评价状况进行了调查研究，着重分析现实运用中有待改进的地方。就后者而言，学者基于实践和理论基础，提出了改进校本课程评价质量的实践探索策略，着重论述某种对策，并尝试进行实践、分析和反思。例如，有学者基于“协商评价”理论和校本课程评价多元参与不足这一现状，提出校本课程协商评价策略，论述了该策略的必要性、重要性、具体内涵和应用要求。[②]

有关校本课程评价的现状调查研究中，针对校本课程评价现实问题的分析非常丰富。学者关注到的核心问题主要包括两方面。第一，校本课程评价中多元主体评价运行困难且实效不佳。这主要包括学生在校本课程评价中处于“缺席状态”[③]、教师在校本课程评价方面存在“参与缺位”[④]等现实问题。此外，校本课程评价主体除了常见的教师和学生，还应该包括校长、课程专家、家长和其他社区人士。学校需要关注到不同主体在校本课程评价方面的不同分工，努力使其构成合力。第二，现有校本课程评价带来的实际效益不佳。校本课程评价的方案不合理、缺乏配套的科学化评价工具、评价人员的评价素养不足等，导致校本课程评价在诊断校本课程现状和改进校本课程开发等方面实际效益不佳。

五、校本课程评价的相关技术

随着我国课程改革实践的发展及我国学者对课程理论与实践研究的关注，尤其是随着我国新一轮基础教育课程改革的推进，我国课程评价研究发展迅速。其中一个重要的

---

① 王俊莉，赵金花，李丽娟.学生发展核心素养评价体系的校本建构与实施[J].课程·教材·教法，2017(10).

② 余婷.小学校本课程协商评价策略研究[D].西南大学，2018.

③ 张瑞，包海军.学生在校本课程评价中的缺席与回归[J].教学与管理，2021(3).

④ 王雯雯.教师参与校本课程评价的价值、困境及对策[J].教学与管理，2020(6).

体现就是课程评价越来越重视信息技术的作用，很多学校在实践探索中形成了计算机自适应测验、电子档案袋、学习分析技术、数字画像、基于大数据的课堂观察、区域教育质量监测数据平台等评价方式。今天，我们可以利用技术手段，对评价对象进行多维度、全过程、立体式的分析，在自然情境中采集学习者学习的过程性数据，改变过去教育评价的刻意设置特征，实现教育数据的全过程采集和教育结果的适时反馈。评价信息更加多元，既可以是总结性测试的具体分数，也可以是记录学习过程的文字、图片、音频、视频等，还可以是反映学习者能力的调查报告、手工作品、活动总结等。学校应通过对学习者进行精准的数字画像，为其提供个性化的课程评价服务，使评价、提升、改进融为一体。

在上一节中已经讨论了有关教育技术的发展，这些技术也被广泛应用于课程评价，这里只简单介绍一下在评价中运用较多的几种技术。

（一）学习分析技术

学校运用学习分析技术，能够建立学习模型，收集学习者学习的过程性数据，并提供可视化的“学习体检表”，全面展现学习者的知识结构、能力表现、内在潜能等方面的情况，并对学习者可能出现的学习困难进行预警和诊断，帮助教师准确把握学习者的学习进展和认知特征，为学习者提供最优化的学习方案。这种技术可以把评价者、评价对象、评价过程、评价结果等要素都纳入评价体系，全方位展现教与学的过程。

（二）区块链技术

学校运用区块链技术，可以实现分布式学习记录，建立学习者的个人学习成长档案，认证学习者的多样化学习成就，重点考察学习者的非认知能力发展，有效防止数据丢失或被恶意篡改，解决学习者综合素质评价中存在的信任问题。同时，学校可以记录学习者成长学习的环境背景，以差异化评价标准对不同学习者进行综合评价，进一步促进了教育公平。

（三）数字画像技术

借助大数据、学习分析等技术，学校可以即时生成学生学习的数字画像，能够让评价结果更易于理解和应用。多类技术支持下的学生综合素质评价的数字画像有助于强化过程性评价的作用，更好地发挥评价的记录、诊断和促进作用。

（四）跨媒体智能技术

跨媒体智能技术是一种新型评价方式，它能够帮助学校开展模拟仿真、教育游戏等工作，突破传统评价对分数的关注，重点考察学习者解决实际问题的能力。这种评价技术引导行业企业、专业机构、社会组织等利益相关者共同参与教育评价，推动考试内容与评价方式的整体转型，使人才培养更加贴合社会需求。同时，跨媒体智能技术强调对学习者个人能力的评价，彰显了教育对象的主体性。

（五）大数据技术

大数据技术能够帮助我们提高教育治理现代化水平。管理者可以通过全样本、全过程、多模态的数据采集，汇聚形成区域教育大数据，了解学习者成长数据、学校运行数据、教育资源配置情况等。大数据技术能够帮助管理者获得超越个体或局部的洞察力，提高教育决策的针对性、灵敏性和科学性，满足高质量教育的要求。大数据技术关注学习者的教育需求，把学习者作为生命主体，促进了学习者的发展。

（六）智慧学习工场

智慧学习工场是产教融合深化的重要载体。它以人工智能为核心，推动 5G、大数据、VR&AR、区块链等技术综合集成，以数字化、智能化平台为中心，推动灵巧学习、集成化场景、全域感知、数字化评价、智慧管理等有机结合，与其他产学研和社会组织广泛互联。① 智慧学习工场以学习者为中心配置学习资源，设计教育流程。智慧学习工场在高校和高职院校使用较多，在产教融合视域下，能够系统、全面地提高学习者的能力。目前，这种技术在中小学应用得比较少。

① 张涵.《智慧学习工场 2020 建设标准指引》填补国内空白[J].中国国情国力，2019(9).

后　记

本书是笔者主持的全国教育科学“十三五”规划教育部青年课题“改革开放以来我国小学校本课程开发的深化研究”(课题批准号:EHA180505)的研究成果之一。课题研究的顺利进行,得益于华东师范大学郭景扬教授、刘海波教授,上海师范大学谢利民教授,上海市教师教育学院宁彦锋研究员,上海市教育科学规划领导小组办公室熊立敏老师,上海市松江区教育学院特级教师王洪明主任、谢英香博士等专家学者的支持,很多学校的青年教师也参与了研究,在此深表感谢。研究内容方面,笔者以文献梳理、课程政策、课程调查、开发机制为重点,探索出校本课程开发的发展趋势和生长点。本书就是对这些研究内容的总结与提炼。

全书由笔者选定主题、设计框架与内容,对课题研究成果进行分析和提炼,并多次修改,最后撰写而成。

在撰写过程中,课题组部分成员协助开展了研究资料的搜集、分析、整理与修改工作。其中,第三章课程现状抽样调查部分,得到了松江区教育局高芬华和朋玲艳两位老师的帮助,她们参与了全国调查和安徽省调查数据的分析与整理工作。第四章课程实践研究部分,得到了许多学校青年教师的鼎力相助,德育校本课程实践部分由郑巍和唐红梅协助,体育校本课程实践部分由谢洪志协助,美育校本课程实践部分由李磊协助,劳育校本课程实践部分由张巍协助。第五章关于校本课程开发机制的研究是本书的重点和难点,关于校长领导的研究得到了李萍的协助,关于校本课程影响因素的研究得到了缪锦瑞的协助,关于开发模式的研究得到了翟忆文的协助。第六章关于课程深化的总结与提炼,得到了许营营、赵烨、金兰、董海青等老师的协助。赵烨和翟忆文作为课题研究秘书,一起协助笔者完成了很多文字校对工作,其中,翟忆文跟进了第四章的修改工作,赵烨跟进了第六章的修改工作。感谢课题组成员和众多一线教师为本书作出的贡献。

校本课程开发是基础教育课程改革的核心议题之一，国内外不少学者对其开展了相关研究，并取得了重要突破。校本课程开发有较强的“校本”性，有较多的实践表达，目前仍然存在很多值得进一步研究的问题。笔者将继续努力，也恳请各位专家学者和辛勤耕耘在校本课程开发领域的实践者不吝赐教。

王利敏

2023 年 6 月

图书在版编目（CIP）数据

跨界与融合：校本课程开发的深化研究 / 王利敏著. — 上海：上海教育出版社，2023.5
ISBN 978-7-5720-1961-6

Ⅰ. ①跨… Ⅱ. ①王… Ⅲ. ①课程建设－教学研究－小学 Ⅳ. ①G622.3

中国国家版本馆CIP数据核字(2023)第073666号

责任编辑　杜金丹
封面设计　毛结平

跨界与融合——校本课程开发的深化研究
王利敏　著

出版发行　上海教育出版社有限公司
官　　网　www.seph.com.cn
地　　址　上海市闵行区号景路159弄C座
邮　　编　201101
印　　刷　上海商务联西印刷有限公司
开　　本　787×1092　1/16　印张 12.75
字　　数　220 千字
版　　次　2023年7月第1版
印　　次　2023年7月第1次印刷
书　　号　ISBN 978-7-5720-1961-6/G·1762
定　　价　68.00 元

如发现质量问题，读者可向本社调换　电话：021-64373213